via reise radtour

Sabine Schrader

Die besten Radtouren rund um Hamburg

W0242409

Inhalt

Süden

Westen

Das Hamburger Umland – ein Radfahr-Eldorado

Ob zur Obstblüte ins Alte Land oder zum Schiffegucken am Elbdeich entlang, ob durch einsame schleswig-holsteinische Knicklandschaften oder zu einem Kurztrip in die Lüneburger Heide: In allen Himmelsrichtungen rund um Hamburg gibt es attraktive Radstrecken, die sich hervorragend fahren lassen.
Das **Umland ist größtenteils flach** und daher bestens zum Radeln geeignet. Zudem ist die Hansestadt von beliebten Routen umgeben – angefangen beim Elberadweg, der Alten Salzstraße oder dem weniger bekannten Ilmenauradweg, der – **vorbildlich beschildert** – zu attraktiven Orten wie Lüneburg oder Bad Bevensen führt.

Für dieses Buch haben wir die schönsten Routen rund um die Metropole ausgesucht. Alle Touren sind bequem mit der S- und U-Bahn oder einer Regionalbahn – in der Regel mit einem HVV-Ticket – erreichbar. Oft starten die Touren direkt am Stadtrand. Auch die längste Anfahrt zu einem der verlockenden Ausflüge per Pedalkraft dauert kaum mehr als eine Stunde.
Bei der Auswahl der Touren haben wir auf die **gute Qualität der Wege** geachtet. Zudem beinhalten sie besondere Anziehungspunkte – interessante Sehenswürdigkeiten oder Städte mit langer Geschichte, die es zu entdecken gibt. Manchmal sind es friedliche, abgelegene Dörfchen oder die einsame Natur, die für Ruhe und Entspannung sorgen. Oder man begegnet einzigartigen Kulturlandschaften, an denen sich das Auge kaum satt sehen kann.
Natürlich fehlen auch die „Klassiker“ vor den Toren Hamburgs nicht, wie beispielsweise eine Route durch die Haseldorfer Marsch oder durch die Vier- und Marschlande, wo man am Zollenspieker Hauptdeich herrliche Aussichten auf die Elbe genießen und im Frühsommer mit etwas Glück auch Störche beobachten kann.

Im Hamburger Umland locken zahlreiche gut befahrbare Radrouten

Die Touren – Vom puren Genussradeln bis zum ausgedehnten Radwandern

Alle ausgewählten Touren sind mit einer durchschnittlichen Kondition gut zu schaffen. Für einige braucht man nur einen halben Tag. Diese Routen sind auch für Kinder gut geeignet, einige der längeren Touren lassen sich abkürzen. Somit steht einem Familienausflug nichts mehr entgegen. Entsprechende Hinweise finden sich im Infoteil zu jeder Tour. Die angegebenen Fahrzeiten orientieren sich an einer gemütlichen Fahrweise. Ohne die Zeit für Pausen und Besichtigungen mitzuberechnen, beziehen sie sich auf ein Tempo, bei dem man die umliegende Landschaft ausgiebig genießen kann. Sportive Radler und diejenigen, die mit dem Rad mehrere Tage unterwegs sein möchten, haben die Möglichkeit, mehrere Tourenvorschläge zu verknüpfen. So kann man durch die **Kombination der Routen** beispielsweise vom Lauenburgischen Ratzeburg bis nach Bad Bevensen in der Lüneburger Heide durchradeln. Zu allen Touren haben wir **Einkehrtipps** zusammengestellt, die den Gaumen verwöhnen und besonders lauschige Cafés vorstellen.

GPS-Tracks

Als Ergänzung zu den Karten im Buch kann man die GPS-Tracks für alle Touren auf der Homepage des via reise verlags herunterladen. Damit lässt sich die Wegstrecke auf einem Smartphone oder einem anderen GPS-Gerät darstellen. Den Link und eine Kurzanleitung zur Verwendung der Dateien gibt es bei den Informationen zum Buch unter www.viareise.de.

Die Autorin

Sabine Schrader lebt als freie Autorin in Hamburg. Das Fahrrad ist ihr liebstes Fortbewegungsmittel. Ihr Fazit nach einem Sommer auf dem Sattel: Auch wenn man schon lange im Norden zuhause ist, lässt sich auf gemütlichen Umlandtouren viel Neues entdecken.

Tipps & Tickets

Unterwegs mit öffentlichen Verkehrsmitteln

Alle Touren wurden so ausgewählt, dass die An- und Abreise mit öffentlichen Verkehrsmitteln erfolgen kann – also mit den Zügen des Regionalverkehrs (RE/RB) und mit den U-, S- und A-Bahnen sowie den Fähren des HVV (Hamburger Verkehrsverbund). Fast alle Start- und Zielbahnhöfe liegen innerhalb des Gesamtbereichs des HVV.

Fahrscheine

Fahrscheine gibt es an den Fahrkartenschaltern der HVV-Service-Stellen, am Fahrkartenautomat, im Bus oder im Internet unter hvv.de – hier sogar mit 3 % Rabatt.

Je nachdem, wo es genau hingehen soll, braucht man ein Ticket, das unterschiedliche Ringe abdeckt. Das lässt sich an der Tarifübersicht ablesen, die überall aushängt, wo es auch Fahrkarten zu kaufen gibt. Und im Zweifel einfach bei einer der Service-Stellen nachfragen. Für Tagestouren lohnt sich meist eine **Tageskarte:**

Ganztageskarte

gültig für 1 Person und 3 Kinder (6–14 Jahre) für beliebig viele Fahrten am Geltungstag bis 6 Uhr des Folgetages:

Bereich	Hinweis	€
AB oder 1–2 Ringe	siehe Tarifplan	7,90
3 Ringe	siehe Tarifplan	12,10
4 Ringe	siehe Tarifplan	15,80
Gesamtbereich	siehe Tarifplan	19,90
Fahrradkarte	pro Tag in den RE/RB-Bahnen	3,50
Zuschlag SchnellBus/1. Klasse	Im Gesamtbereich bei Tageskarten pro Tag	2,10
		Stand: März 2020

9-Uhr-Tageskarte

gültig für 1 Person und 3 Kinder (6–14 Jahre) für beliebig viele Fahrten am Geltungstag, Mo–Fr von 0–6 Uhr und ab 9 Uhr bis 6 Uhr des Folgetages; Sa/So/Fei ganztägig:

Bereich	Hinweis	€
AB oder 1–2 Ringe	siehe Tarifplan	6,60
3 Ringe	siehe Tarifplan	10,50
4 Ringe	siehe Tarifplan	13,20
Gesamtbereich	siehe Tarifplan	17,00
Fahrradkarte	pro Tag in den R-Bahnen	3,50
Zuschlag SchnellBus/1. Klasse	Im Gesamtbereich bei Tageskarten pro Tag	2,10
		Stand: März 2020

TIPP: Die 9-Uhr-Tageskarte lohnt sich oft schon ab 2 Fahrten pro Tag.

9-Uhr-Gruppenkarte

gültig für bis zu 5 Personen für beliebig viele Fahrten am Geltungstag, Mo–Fr von 0–6 Uhr und ab 9 Uhr bis 6 Uhr des Folgetages; Sa/So/Fei ganztägig:

Bereich	Hinweis	€
AB oder 1–2 Ringe	siehe Tarifplan	12,40
3 Ringe	siehe Tarifplan	19,20
4 Ringe	siehe Tarifplan	24,80
Gesamtbereich	siehe Tarifplan	26,90
Fahrradkarte	pro Tag in den R-Bahnen	3,50
Zuschlag SchnellBus/1. Klasse	Im Gesamtbereich bei Tageskarten pro Tag	2,10
		Stand: März 2020

TIPP: Die 9-Uhr-Gruppenkarte lohnt sich oft schon zu zweit.

Fahrradmitnahme

Fahrräder können in den Schnellbahnen (U, S, A), den Hafenfähren und bei vielen Buslinien des HVV kostenlos mitgenommen werden. Am Wochenende und feiertags rund um die Uhr. Nur montags bis freitags von 6 bis 9 und von 16 bis 18 Uhr ist die Fahrradmitnahme nicht gestattet. Diese tageszeitliche Einschränkung gilt nicht für die Elbfähren und den Regionalverkehr.
Achtung: Für die Züge im Regionalverkehr (RB/RE) benötigt man eine Fahrradkarte zum Preis von 3,50 €. Diese ist dann für beliebig viele Fahrten an einem Tag gültig.
In den Schnellbahnen, den Zügen des Regionalverkehrs und in den Bussen können im Türbereich jeweils zwei Fahrräder transportiert werden. Teilweise werden gesonderte Bereiche für Fahrräder bereitgestellt. Auf den Elbfähren Fahrräder bitte nur in den dafür vorgesehenen Bereichen abstellen. Zusammengeklappte Räder dürfen jederzeit mitgenommen werden. Am Wochenende kann es mitunter eng werden in den Bahnen. Zudem haben Rollstuhlfahrer und Kinderwagen prinzipiell Vorrang. Wegen der beschränkten Kapazitäten sollte man sich eventuell auf längere Wartezeiten einstellen und nicht den letzten Zug zurück nehmen.
TIPP: Gemeinsam mit dem ADFC Hamburg bietet der HVV das ADFC-HVV-Faltrad an, ein hochwertiges und leichtes „Immerdabei-Rad“, das sich in wenigen Sekunden zusammenfalten lässt. Das Faltrad eignet sich allerdings vor allem für kürzere Touren in der Stadt. Weitere Informationen dazu gibt es unter:
www.hvv.de/de/service/fahrradfahrer/faltrad

Fahrschein- & Fahrplanauskunft

Informationen zu Fahrzeiten, Fahrtrouten und Fahrkarten gibt es unter anderem über die **HVV-Infoline (0 40) 19 449** – täglich, auch am Wochenende. Im Internet unter **hvv.de** kann man einen persönlichen Fahrplan erstellen und Umgebungs- und Fahrpläne direkt ausdrucken. Wer ein Smartphone besitzt, kann diesen Service auch von unterwegs nutzen: Mit der kostenlosen **HVV-App** für iOS und Android-Geräte (zum Download im iOS App Store und in Google Play).

Checkliste Fahrradtour

Vorab klären

⇨ **Ist mein Fahrrad verkehrstüchtig?**
Vor der Tour prüfen, ob alles vorhanden ist und funktioniert: Zwei voneinander unabhängige Bremsen, eine nicht zu leise Klingel, Licht (Vorder- und Rücklicht) und Reflektoren (vorne, hinten und an den Pedalen und Speichen).

⇨ **Fahren alle Bahnen?**
Vor der Tour sicherheitshalber noch einmal die aktuellen Fahrpläne im Internet oder telefonisch abfragen, ob keine Beeinträchtigung des Nahverkehrs vorliegt. Das erspart unschöne Überraschungen.

Nicht vergessen

⇨ **Werkzeug**
Flickzeug, Luftpumpe, eventuell Ersatzschlauch.

⇨ **Kleidung für jede Wetterlage**
Nicht nur an Regen-, sondern auch an Sonnenschutz denken.

⇨ **Erste-Hilfe-Set**

⇨ **Proviant**
Ausreichend Flüssigkeit und etwas zu essen. Selbst wenn es unterwegs Gaststätten gibt, weiß man nicht immer, ob man etwas zu essen bekommt.

⇨ **Regionalkarten**
Neben diesem via reise-Radführer auch an eine Radwanderkarte der Region denken. Bewährt haben sich die Regionalkarten des ADFC im Maßstab 1 : 75 000.

Info-Adressen für Radfahrer

⇨ Hier gibt es Auskünfte für Radausflügler und Radreisende:

ADFC Landesverband Hamburg e. V.
Koppel 34–36
20099 Hamburg
(0 40) 39 39 33
www.hamburg.adfc.de
Telefonsprechstunde:
Di/Do 10 –12, Mi 15–17 Uhr
Persönliche Termine sind nach Absprache möglich.

Viele weitere Tipps und Informationen rund ums Thema Fahrradfahren in Hamburg gibt es auch unter:
www.hamburg.de/fahrrad
und unter:
www.hamburg-tourism.de/erleben/hamburg-touren/hamburg-per-fahrrad

Ahrensburg – Großhansdorf

1 Schlösser, Knicklandschaften und ein Barockgarten

Start	Ziel	Länge	Fahrzeit
U-Bhf. Ahrensburg-Ost	U-Bhf. Großhansdorf	40 km	4 Std.

Raus aus dem Sattel, rein in die Filzpantoffeln: Schloss Ahrensburg animiert zu einer Besichtigung. Das Schlossmuseum in dem weißen Renaissancegebäude zeigt mondäne Wohnkultur des 18. und 19. Jahrhunderts – von Rokoko bis Klassizismus, von Biedermeier bis Historismus. Über kleine Dörfer und durch typische schleswig-holsteinische Knicklandschaften führt die Route weiter zu dem ehemaligen Barockgarten von Gut Jersbek. Schloß Tremsbüttel, die nächste Station auf dieser Tour, erinnert auf den ersten Blick an ein verwunschenes Märchenschloss. Es wartet mit einem weitläufigen Schlosspark auf, der ebenfalls zu einem ausgiebigen Spaziergang einlädt.

Schloss Ahrensburg: Augenweide im Renaissance-Stil

Infos zur Tour

Anfahrt
U-Bahnhof Ahrensburg-Ost (U1 alle 20 Min. ab Hamburg Hbf., 35 Min.)

Rückfahrt
U-Bahnhof Großhansdorf (U1 alle 20 Min. bis Hamburg Hbf., 42 Min.)

Variante
Tour kombinierbar mit Tour 2

Streckenverlauf
Ahrensburg – Jersbek –Tremsbüttel – Großhansdorf

Streckencharakteristik
Durch leicht hügelige schleswig-holsteinische Knicklandschaften und kleine Ortschaften. Mehrere Wegabschnitte an verkehrsarmen Straßen ohne Radweg, aber auch Streckenabschnitte an verkehrsbelasteten Straßen. Wer viel Ruhe sucht, sollte die Tour daher sonntags fahren.

Schwierigkeit
Leicht bis mittel

Für Kinder
Eingeschränkt (aufgrund der Länge und der oft fehlenden Radwege)

Beschilderung
Nahezu nicht vorhanden

Einkehren

Zum Fasanenhof
Gastronomiebetrieb mit Geschichte: Nah am ehemaligen Barockgarten gelegen, diente das Gebäude früher als Logierbetrieb für das Gut Jersfeld. Kredenzt werden Fischgerichte, Schnitzel, Steaks, Lamm, Wild sowie fleischlose und saisonale Gerichte.
Allee 18 · 22941 Jersbek ·
(0 45 32) 18 49 ·
www.zum-fasanenhof.de ·
Mi–Fr 11.30–14 und 17.30–21,
Sa/So 11.30–21 Uhr

Schloß Tremsbüttel
Das Einkehren lohnt sich allein schon aufgrund des hochherrschaftlichen Schlossambientes. Schöne Terrasse mit Blick in den Park. Kleine, aber feine Speisekarte mit Kuchen und Torten aus hauseigener Schlosspâtisserie.
Schloßstraße 10 · 22967 Tremsbüttel ·
(0 45 32) 26 40 ·
www.tremsbuettel.de ·
So 14–18 Uhr (Kaffeehaus)

Taverne Galini
Ideal für eine Stärkung nach der Tour. Griechische Küche, netter und unkomplizierter Service. Kleine Terrasse unter Bäumen.
Schaapskamp · 22927 Großhansdorf ·
(0 41 02) 45 89 81 ·
www.taverna-galini.com
Mo–Sa 17.30–23, Mittagstisch Mo–Fr 12–14.30, So/Fei 12–15 und 17–23 Uhr

km 0–3 Vom U-Bahnhof bis zum Schloss Ahrensburg

Vom Ausgang des U-Bahnhofs Ahrensburg-Ost biegt man rechts in die Straße Am Aalfang ein und fährt bis zur nächsten Kreuzung. Nachdem man sie überquert hat, geht es in Fahrtrichtung am Auewanderweg weiter. Auch wenn sich der Weg zumeist durchs Grüne am Bach entlangschlängelt, ist es aufgrund der nahen Umgehungsstraße nicht gerade ruhig. Nach knapp 3,5 Kilometern erhebt sich majestätisch **Schloss Ahrensburg** ❶. *Wir fahren über die Kreuzung und auf dem Auewanderweg weiter und erreichen über die Brücke das Schloss.*

Das 1585 fertiggestellte Wasserschloss ist eine Augenweide. Ursprünglich gehörte das Terrain dem dänischen Feldherrn Daniel Rantzau. Dieser hatte die Dörfer Woldenhorn – das heutige Ahrensburg – sowie Ahrensfelde, Meilsdorf und Bünningstedt vom dänischen König für seine Dienste geschenkt bekommen. Nachdem sein Bruder Peter Rantzau (1535–1602) den Besitz geerbt hatte, ließ er am Rand von Woldenhorn das Renaissanceschloss nach dem Glücksburger Vorbild errichten. Sieben Generationen lang wurde es von den Grafen Rantzau bewohnt. 1759 ging es in den Besitz des Kaufmanns Heinrich Carl Schimmelmann (1724–1782) über. Dieser war nicht nur während des preußisch-sächsischen Krieges zu Reichtum gekommen, sondern verstand es auch, sein Vermögen mit Waffen- und Sklavenhandel zu mehren. Schimmelmann ließ das Schloss modernisieren und vor allem das Erdgeschoss mit Rokokoelementen umgestalten. Sechs Generationen blieb das Schloss im Besitz der Familie Schimmelmann, bis sie es in den 1930er-Jahren aufgeben mussten. Heute können Besucher das reichhaltige Interieur mit Leinwandtapeten, kunstvollen Parkettböden, Kristalllüstern, Meißner Porzellan sowie Möbeln aus verschiedenen Stilepochen in Augenschein nehmen (Stiftung Schloss Ahrensburg · Lübecker Str. 1 · 22926 Ahrensburg · (0 41 02) 4 25 10 · www.schloss-ahrensburg.de · März–Okt. Di–Do, Sa/So 11–17 Uhr · 8 € / 5 € / Kinder bis 14 Jahre 3,50 €).

km 3–3,5 Vom Schloss Ahrensburg zum Marstall

Gegenüber dem Schloss an der B 75 befindet sich der **Marstall.** Er gehört ebenso wie das Schloss zur historischen Anlage des einstigen Gutsdorfs Woldenhorn und wurde zwischen 1845 und

Bargfeld-
Stegen
N
1000 m
Jersbeker
Forst
Fischbek
Kupfermühle
Elmenhorst
Jersbeker Str.
Jersbek
Golfplatz
Gut Jersbek
Eiskeller
Oberreicher Weg
Jersbeker-
Str.
B75
Schloßstraße
Schloss
Tremsbüttel
A21
Bargteheide
str.
Klein Hansdorf
Hammoor
Land-
Alte
Schäferdresch
Rehagen
Schäferdresch
Delingsdorf
Bramkamp
Kremerberg
Steenhoop
Bünningstedt
Ochsen-
koppel
Beimoor
Franz-Kruse-str.
Schloss
Ahrensburg
Ahrensburg
Marstall
Schlosskirche
Siedlung
Heimgarten
Bredenbeker
Teich
weg
Beimoor-
A1
Großhans-
dorf
Baggerkuhle
Ahrensburg West
Ahrensburg
Großhansdorf
Ahrensburg Ost
Am Aalfang

Genussradeln durch einsame schleswig-holsteinische Knicklandschaften

1846 erbaut. Der mittlere Teil des dreiflügeligen Gebäudes besteht aus der ehemaligen Stallhalle, die heute als Ausstellungshalle dient. Gezeigt wird insbesondere zeitgenössische Kunst aus dem norddeutschen Raum. Die ehemalige Reithalle von 1897 hinter dem Gebäude wurde 2006 zu einer modernen Veranstaltungshalle mit Bühne umgebaut. Sie ist das Herzstück des **Kulturzentrums Marstall am Schloss e. V.** (Lübecker Straße 8 · 22926 Ahrensburg · (0 41 02) 4 00 02 · www.marstall-ahrensburg.de).

km 3,5–4 Vom Marstall zur Schlosskirche

Zurück bis zur Kreuzung fährt man rechter Hand weiter bis zum Alten Markt, wo sich links die **Schlosskirche** *befindet.*

Sie wurde zeitgleich mit dem Schloss erbaut, 1716 erhielt sie eine barocke Ausstattung. Auffällig sind die beiden Häuserzeilen an beiden Seiten des Kirchenschiffs. Dabei handelt es sich um die sogenannten „Gottesbuden". In der nördlichen Reihe konnten einst bedürftige und alte Menschen kostenlos leben, die Gutsherr Peter Rantzau zudem finanziell unterstützte. Auch heute noch vermietet die Kirchengemeinde die nördlichen Wohnungen an sozial schwache Menschen, die lediglich die Nebenkosten aufbringen müssen (Am Alten Markt 7 · 22926 Ahrensburg).

Von der Schlosskirche Ahrensburg nach Jersbek

km 4–18,5

Wir fahren geradeaus in die Große Straße, dann rechts in die Straße Bei der Doppeleiche, anschließend rechter Hand in den Reeshoop. Nach einigen hundert Metern geht es links in die Hermann-Löns-Straße, von dort rechts in den Rosenweg, der in ein Neubaugebiet führt. Nachdem der Weg einen Linksknick genommen hat und zur Spielstraße wurde, biegt man links in den Buchenweg ab, darauf folgend rechts in den Eschenweg. An dessen Ende biegt man rechter Hand in die Franz-Kruse-Straße Richtung **Bünningstedt** *ein. Es geht rechts weiter über die Dorfstraße. In der Mitte des kleinen Dorfes Bünningstedt hält man sich links und fährt in den Bramkampredder (Richtung Schäferdresch/Rehagen), dann rechts in den Steenhoop, der am Ortsrand in den Bünningstedter Feldweg übergeht, eine asphaltierte Straße mit Autoverkehr. In Ammersbek angekommen, biegen wir links in den Schäferdresch ab und fahren durch eine Wohngegend. Danach quert man die Alte Landstraße. Weiter geht es in den Weg zu den Tannen, dann rechts in den Klein Hansdorfer Weg, der in die Dorfstraße von* **Klein Hansdorf** *übergeht. Bevor sich die Straße am Ortsausgang nach rechts windet, fahren wir geradeaus in die Straße Am Glindfeld, die durch eine schöne Knicklandschaft führt. Wenn sich der Weg gabelt, halten wir uns rechts. Wir bleiben auf dem asphaltierten Weg, wenn er sich nach rechts windet. Bald geht ein ebenfalls asphaltierter Weg nach links ab (gekennzeichnet mit einem blauen Symbol), über den man weiterfährt (wenn dieser einen Rechtsknick gemacht hat, bleiben wir auf dem Weg und fahren Richtung Norden weiter). Auf der K 56 angekommen, geht es linker Hand weiter. Über die K 56 und die Straße „Allee“ erreicht man das Torhaus von* **Gut Jersbek** (2) *sowie den Barockgarten.*

Das Herrenhaus, 1620 im Stil der holsteinischen Renaissance fertiggestellt, befindet sich in Privatbesitz und wird durch das Torhaus verdeckt. Neben dem Torhaus ist der Eingang zum ehemaligen Barockgarten, den der Freimaurer Bendix von Ahlefeld (1678–1757) anlegen ließ. Der Gutsherr war den schönen Künsten zugeneigt und unterstützte zeitweise auch die Hamburger Oper. Von der ursprünglichen Anlage ist zwar nur noch wenig erhalten, jedoch lassen sich die Grundstrukturen des Parks durch das Alleensystem erkennen. Seit 1986 steht er unter Denkmalschutz.

Anhand von Tafeln, die entlang der Wege aufgestellt sind, lässt sich die Historie des weitläufigen Parks erkunden. Auch Führungen werden angeboten (www.jersbeker-park.de).

km 18,5–32 Von Jersbek zum Schloß Tremsbüttel

Zurück an der K56 biegt man links in die Eichenallee Oberteicher Weg ab, die am Jersbeker Golfplatz vorbeiführt. Von der Jersbeker Straße kommend, hält man sich in Elmenhorst zunächst rechter Hand und fährt anschließend linker Hand auf dem Radweg neben der B75. Vor der Ampel geht rechts die Schulstraße ab, die man sich herunterrollen lässt. Rechter Hand weiter in die Fischbeker Straße, die zur Elmenhorster Straße wird. Von dort in die Dorfstraße, schließlich rechts ab in den Krökenhorster Weg, der bald einen Rechtsknick macht. Über Fischbeker Weg/Schloßstraße gelangt man zum **Schloß Tremsbüttel** 3.

In dem rund 2000 Einwohner zählenden Dorf Tremsbüttel sorgt das romantisch aussehende Schloss für einen Überraschungsmoment. Mit Stilelementen der Neo-Renaissance wurde es 1893/94 erbaut. Doch die Geschichte des imposanten Gebäudes beginnt früher: An dieser Stelle legte Graf Christian zu Stolberg, ein Jugendfreund Goethes, ein Gut an und ließ ein Herrenhaus errichten. Zudem schuf er auf einer Fläche von 16 Morgen einen Park im englischen Stil. Der Graf, der selbst dichtete, sorgte in Tremsbüttel für eine Zeit geistig-kultureller Blüte. Matthias Claudius, Friedrich Gottlieb Klopstock, Wilhelm von Humboldt und auch Goethe waren häufig zu Gast. Nachdem der Graf das Gut verkauft hatte, wechselten die Besitzer mehrmals. Als der aus Remscheid stammende Unternehmer Alfred Hasenclever (1859–1908) das Anwesen übernahm, gab er den Bau des Schlosses bei den Berliner Architekten Hans Grisebach und Georg Dinklage in Auftrag, das ehemalige Herrenhaus wurde abgerissen. In der Nachkriegszeit wurde das Schloss schließlich in ein Hotel umgewandelt und erlangte in den 1960er-Jahren eine gewisse Berühmtheit: In der Gästeliste sind Namen wie Sophia Loren, Leonard Bernstein und Klaus Kinski verzeichnet. Heute ist Schloß Tremsbüttel ein Seminar- und Tagungshotel, in dem gerne Hochzeiten und andere Feierlichkeiten zelebriert werden. Hinter dem Schloss beginnt der Park, der inzwischen unter anderem um einen Japanischen Garten erweitert wurde (Schlosspark Tremsbüttel · Schloßstraße 10 · ganzjährig frei zugänglich).

Vom Schloß Tremsbüttel zum U-Bahnhof Großhansdorf

km 32–40

Die Route führt weiter in die Hauptstraße Richtung Bargteheide, von dort links ab in die Beektwiete nach **Hammoor**. *Vom Gerkenfelder Weg kommend, überqueren wir die Hauptstraße und fahren in Fahrtrichtung weiter in den Lohweg. Anschließend überquert man die K 106. Von dort geht es rechter Hand weiter in die Ahrensburger Straße. Linker Hand geht der Großhansdorfer Weg ab, der als Rad-/Wanderweg gekennzeichnet ist. Wir fahren geradeaus durch den Beimoorwald. Ganz ruhig ist es leider nicht – das Verkehrsrauschen der nahen A 1 ist zu hören. Der Beimoorweg führt schließlich am Ortsrand von* **Großhansdorf** 4 *vorbei. Wir queren die Hoisdorfer Landstraße und fahren in Fahrtrichtung Up de Worth weiter, dann links in den Bahnhofsweg und anschließend rechts in den Schaapkamp. Der U-Bahnhof Großhansdorf befindet sich linker Hand an dessen Ende.*

Wie aus einem Märchenbuch: Schloß Tremsbüttel

Großhansdorf – Aumühle

2 Von der Stormarner Schweiz in den Sachsenwald

Start	Ziel	Länge	Fahrzeit
U-Bhf. Großhansdorf	S-Bhf. Aumühle	28,5 km	3 Std.

Eine lange Anfahrt braucht es nicht, bis Großstädter in herrliche Badeseen im Umland eintauchen können: Von Großhansdorf aus sind der Lütjensee und der Großensee schnell erreicht. Beide Gewässer liegen inmitten der Stormarnschen Schweiz, einer abwechslungsreichen Hügellandschaft aus Wäldern, Weiden und weiten Ackerflächen. Für sein besonders klares Wasser ist der Großensee bekannt, der immerhin 75 Hektar misst. Von dort geht es in das Naturschutzgebiet Billetal und weiter in den Sachsenwald. In Schleswig-Holsteins größtem zusammenhängendem Waldgebiet kann man zum Abschluss der Tour noch einmal richtig Frischluft tanken.

Der Lütjensee liegt inmitten der idyllischen Stormarnschen Schweiz

Infos zur Tour

Anfahrt
U-Bahnhof Großhansdorf (U1, alle 20 Min. ab Hamburg Hbf., 42 Min.)

Rückfahrt
S-Bahnhof Aumühle (S21, alle 20 Min., 30 Min. bis Hamburg Hbf.)

Streckenverlauf
Großhansdorf – Hoisdorf – Lütjensee – Großensee – Witzhave – Aumühle

Streckencharakteristik
Strecke mit Badegelegenheiten. Zumeist auf asphaltierten Wirtschaftswegen, teilweise mit Gefälle, zudem Abschnitte auf straßenbegleitenden Rad- und auf Waldwegen sowie kurze Abschnitte auf etwas holprigen Wegen. Etwa ein Kilometer etwas schwerer zu fahrender Teilabschnitt vom Naturschutzgebiet Billetal in den Sachsenwald, auf dem das Rad teilweise geschoben werden muss.

Schwierigkeit
Leicht bis mittel

Für Kinder
Ja

Beschilderung
Spärlich

Baden
Lütjensee
Nordstrand
Großensee
Nordufer sowie Naturbad Südstrand (tgl. geöffnet, www.grossensee.eu, 3 €)

Hofladenbesuch
Hof Lütjensee
Alte Schulstraße 13 · 22952 Lütjensee · (0 41 54) 70 70 30 · www.hof-luetjensee.de · Mo–Fr 9–19, Sa 8–13 Uhr

Einkehren
Hotel und Restaurant „Zur Fischerklause Lütjensee"
Stilvolles Restaurant. Regionale, saisonale Gerichte, darunter auch Fisch aus dem Lütjensee.
Am See 1 · 22952 Lütjensee · (0 41 54) 79 22 00 · www.fischerklause-luetjensee.de · Di/Mi ab 17, Do–Sa 12–14.30 und 17–21, So/Fei 12–15.30 und ab 17 Uhr

Strandhus Großensee – Restaurant / Café / Sommergarten
Gutbürgerliche, saisonale Küche mit mediterranem Einfluss.
Seestraße 1 · 22946 Großensee · (0 41 54) 61 52 · www.das-strandhus-grossensee.de · Mai–Sep. Di–So 12–21.30, Okt–Apr. Mi–So 12–21.30 Uhr

Fürst Bismarck Mühle
Stilvolles Traditionsrestaurant mit schönen Plätzen zum Draußensitzen.
Mühlenweg 3 · 21521 Aumühle · (0 41 04) 20 28 · www.bismarckmuehle.com · tgl. ab 11 Uhr

km 0–4 Vom U-Bahnhof Großhansdorf nach Hoisdorf

Am U-Bahn-Ausgang links auf den Radweg neben dem Eilbergweg abbiegen. Nach einem halben Kilometer geradeaus in den Wald und gleich danach in den Weg links einbiegen. Wir fahren durch die Autobahnunterführung und biegen kurz danach an der Weggabelung erneut links ab.

Der Waldweg führt direkt auf den Birkenweg in **Hoisdorf** ❶*, den man bis zum Ende durchradelt. Dann biegt man rechts in die Waldstraße ab und fährt durch das Wohngebiet. Geradeaus weiter über die Oetjendorfer Landstraße, eine schöne Baumallee. Anschließend rechts halten. Die Straße heißt nun Thie und führt links zu einem historischen Bauernhaus, vor dem sich mit historischen Gerätschaften aus der Landwirtschaft das* **Stormarnsche Dorfmuseum** *ankündigt.*

Das Museum zeigt – wir ahnen es – wie sich das Dorfleben zu früheren Zeiten abspielte. Dazu werden alte Handwerkstraditionen mit beachtlichen Sammlungen älterer Werkzeuge und Gerätschaften präsentiert, ein Kolonialwarenladen nachgestellt, gezeigt, wie eine Dorfschule anno dazumal aussah und wie man damals wohnte. Ein separater Raum erinnert an Dichter, die in Stormarn lebten, wie etwa an Hermann Claudius (1878–1980), einen Urenkel von Matthias Claudius (1740–1815). Auf dem Hof hinter dem Museum befinden sich ein Kräutergarten, eine Remise und das Backhaus (Sprenger Weg 1 · 22955 Hoisdorf · (0 41 07) 45 56 · www.museum-hoisdorf.de · Di 9–12, Sa 14–17 Uhr und nach Vereinbarung).

km 4–8 Von Hoisdorf bis Lütjensee

Wir umradeln das Museum und fahren über den Sprenger Weg, eine asphaltierte Straße, die sich zwei Kilometer durch die Feldmark zieht. Anschließend überqueren wir die K 89 und fahren geradeaus in den Finkhorster Berg.

Bei der ersten Möglichkeit geht es rechts ab in den Ziegeleiweg, auf dem man sich flugs bis zur Landstraße (L 92) herunterrollen lassen kann. Wir biegen rechter Hand ab und fahren auf dem Radweg neben der Landstraße bis zum Ortseingang von **Lütjensee** ❷*. Dort biegen wir links in die erste Straße, den Seeredder, ab.*

Ahrensburg
Oetjendorf
Finkenhorster Berg
Groß-hansdorf
Großhansdorf
Hoisdorf
1
Ziegeleiweg
Sprenger Weg
Oetjendorfer Landstr.
Bahnhofstr.
B 404
Ahrensburg Ost
Schmalenbeck
Kiekut
Stormarnsches Dorfmuseum
Lütjensee
2 Lütjensee
Achtern Diek
Schmalen-beck
Hamburger Str.
Radwanderweg
Siek
Großenseer Str.
Stenzer teich
Mönchteich
Großensee
A1
Braak
Papendorf
Trittau
Trittauer Str.
Rausdorfer Str.
Großensee
Radwanderweg
Brunsbek
Großenseer Weg
Rausdorf
Grande
Kronshorst
Witzhave
Rotenbek
A 24
Oher Weg
Ohe
NSG Sachsen-wald
Sachsen-waldau
Linden-allee
Schöningstedt
Krabbenkamp
3
Friedrichsruh
Aumühle
Friedrichsruh
Bille
Wohltorf
Wohltorf
Aumühle
N
1000 m

⇨ Abstecher zum Lütjensee

Fährt man den Seeredder weiter, gelangt man direkt zur Badestelle am Nordufer des Lütjensees, wo sich ein kleiner, lauschiger Sandstrand befindet.

Die Drei-Seen-Gemeinde **Lütjensee** hat sowohl den Lütjen- als auch den Großensee sowie den Mönchsteich als Ausflugsziele zu bieten. Mit 34 Hektar steht der Lütjensee an zweiter Stelle, was die Größe der drei Gewässer angeht.

km 8–12 Von Lütjensee zum Großensee

Die nächste Abzweigung rechts in die Straße Seeblick nehmen und immer geradeaus durch das Wohnviertel, auch wenn der Weg zu einem schmalen Fußweg wird. In Fahrtrichtung weiter über die Alte Dorfstraße, anschließend links, bis man auf die Hamburger Straße (L 92) kommt. An der großen Kreuzung biegen wir Richtung Trittau ab, bleiben aber auf der linken Straßenseite, da wenige Meter weiter ein Radweg oberhalb der Straßenböschung entlangführt. Bei der ersten Gelegenheit (nach etwa 500 Metern) fahren wir rechts ab

Ein historisches Bauernhaus beherbergt das Stormarnsche Dorfmuseum, …

... das auch über eine umfangreiche Sammlung alter Werkzeuge verfügt

und ein kleines Stück an der lauten Trittauer Straße entlang, um gleich darauf rechts in den Heideweg einzubiegen, den wir uns herunterrollen lassen. Der asphaltierte Weg geht in einen leicht holprigen Abschnitt linker Hand über.

Wir fahren weiter am Rande der Bebauung entlang, mit Blick in die leicht hügeligen Wiesen. Wenn wir auf den Strandweg stoßen, geht es rechts weiter. Nachdem die Straße eine Linkskurve gemacht hat, führt wenige Meter weiter ein schmaler Waldweg rechter Hand (noch vor dem Restaurant Schleusenhorn) direkt zum **Großensee.**

Der 75 Hektar umfassende Großensee ist der größte See im Kreis Stormarn und Teil der Drei-Seen-Platte bestehend aus Lütjensee, Mönchsteich und Großensee. Letztgenannter ist für seine gute Wasserqualität bekannt. Am Nordufer gibt es eine lauschige Badestelle unter Bäumen, die frei zugänglich ist. Auch vom Uferweg aus kann man an vielen Stellen ins Wasser gehen. An der gegenüberliegenden Südseite des Sees gibt es außerdem ein Freibad.

Der Großensee lädt auch an schönen Herbsttagen noch zum Schwimmen ein

km 12–21 Vom Großensee nach Witzhave

Wir umradeln den See linker Hand bis der Weg in den Wald hineinführt. An der nächsten Gabelung geht es rechts weiter. Kurz vor dem Südstrand führt der Weg wieder direkt an den See.

Wenn man auf die Trittauer Straße (L 93) stößt, geht es rechts in den Ort **Großensee.** *In der Ortsmitte links in die Rausdorfer Straße (K 105), die zur Großenseer Straße wird. Am Ende links ab Richtung Trittau.*

Etwa einen Kilometer nach dem Ort **Rausdorf** *biegt man rechts nach* **Witzhave** *ab und erreicht den Ort über den Rausdorfer Weg.*

km 21–28 Von Witzhave in den Sachsenwald

Am Ende der ruhigen Wohngegend biegt man rechts in die Poststraße ab, die einen Linksknick macht und an der Möllner Landstraße endet. Dort halten wir uns rechts und queren sie. Gleich darauf biegt man vor dem Kriegerdenkmal in den Oher Weg ein. Vorbei an Pferdekoppeln geht es weiter, bis der Weg zu beiden Seiten von Wald umgeben ist.

Bei der Ausschilderung Radrundweg 19 und 21 biegen wir links in einen Waldweg ab, der von einem Schlagbaum gesperrt ist und in

das **Naturschutzgebiet Billetal** *führt. An dieser Stelle muss man das Rad ein Stück schieben, da der Weg sehr holprig ist. So hat man mehr Zeit, den Blick auf die Bille zu genießen, die sich malerisch durch den Wald schlängelt.*

Bald erreicht man die Doktorbrücke. Der folgende Abschnitt ist mit Steinen gepflastert und geht ein kurzes Stück bergauf. Nach einem Kilometer biegen wir in den Waldweg rechts ab. Nach weiteren zwei Kilometern führt links ein schmaler Fußweg durch den Wald, der anschließend breiter wird. Nach 800 Metern gelangen wir rechter Hand auf den Mühlenweg, der uns wieder aus dem **Sachsenwald** *herausführt.*

Vom Sachsenwald zum S-Bahnhof Aumühle

km 28–28,5

Es geht am idyllisch gelegenen Restaurant Fürst Bismarck Mühle vorbei und anschließend links ab in die Straße Am Mühlenteich. An deren Ende quert man die Alte Schulstraße (L 314) und fährt geradeaus in die Bahnhofstraße in Aumühle ❸.

Idylle im Naturschutzgebiet Billetal

Ohlstedt – Henstedt-Ulzburg

3 Am Naturschutzgebiet entlang zur Alsterquelle

Start	Ziel	Länge	Fahrzeit
U-Bhf. Ohlstedt	AKN-Bhf. Henstedt-Ulzburg	24 km	2,5 Std.

Was wäre Hamburg ohne die Alster? Binnen- und Außenalster prägen das Bild der Innenstadt. Allein der äußere Alstersee umfasst rund 160 Hektar – ob bei einem Spaziergang umrundet oder mit dem Boot besegelt, das Binnengewässer trägt wesentlich zur Lebensqualität in der Metropole bei. So verwundert es kaum, dass es manchen Hanseaten irritiert, dass der Nebenfluss der Elbe seinen Ursprung nicht im Stadtgebiet, sondern im schleswig-holsteinischen Henstedt-Ulzburg hat. Die kurze Entdeckungstour zur Alsterquelle startet mit einer Minirunde durch den Wohldorfer Wald und führt über Tangstedt am südlichen Rand des Naturschutzgebiets Oberalsterniederung vorbei.

Auch wenn's nicht gerade sprudelt: Hier entspringt die Alster

Infos zur Tour

Anfahrt
U-Bahnhof Ohlstedt (U1 mind. alle 20 Min. ab Hamburg Hbf., 35 Min.)

Rückfahrt
AKN-Bahnhof Henstedt-Ulzburg (A2 wochentags mind. alle 20 Min. bis Norderstedt Mitte, dann Umstieg in die U1 bis Hamburg Hbf., 60 Min. Fahrzeit, A1 samstags mind. alle 40 Min., sonntags alle 40 Min. bis Eidelstedt, dann Umstieg in die S21 bis Hamburg Hbf., 55 Min. Fahrzeit)

Variante
Tour kombinierbar mit Tour 4

Streckenverlauf
Hamburg-Ohlstedt – Tangstedt – Wilstedt – Henstedt-Ulzburg

Streckencharakteristik
Startet am grünen, nördlichen Stadtrand Hamburgs. Einzelne Streckenabschnitte an Durchfahrts-, Land- und Kreisstraßen, kurzer Wegabschnitt parallel zur Bundesstraße. Leichte Steigungen. Sehr gut zu fahrender und reizvoller Streckenabschnitt zwischen Wilstedt und Henstedt-Ulzburg.

Schwierigkeit
Leicht bis mittel

Für Kinder
Ja

Beschilderung
Nur in und um Henstedt-Ulzburg

Baden
Naturbad Beckersberg
Beckersbergstraße 34 ·
24558 Henstedt-Ulzburg ·
(0 41 93) 75 95 85 ·
2,50 € / Kinder ab 4 Jahre 1,50 € ·
tgl. 10–19 Uhr

Einkehren
Tangstedter Mühle – Hotel Restaurant
Familienbetrieb mit geschmackvollem Ambiente, gute internationale und deutsche Küche, unter anderem zahlreiche Wildgerichte.
Hauptstraße 96 · 22889 Tangstedt ·
(0 41 09) 92 17 ·
www.tangstedter-muehle.de ·
Mo/Mi/Do ab 16, Fr–So ab 11 Uhr

Restaurant Aurora
Ein empfehlenswerter Ort zum Einkehren für alle, die die italienische Küche lieben.
Rathausplatz 1 ·
24558 Henstedt-Ulzburg ·
(0 41 93) 8 82 57 80 81 ·
www.aurora-das-restaurant.de ·
Mo–Fr 12–14.30 und 17–22 Uhr,
Sa/So 17–22 Uhr

Restaurant Muzo im Bürgerhaus
Gutbürgerliche Küche, aber auch mediterrane Speisen.
Beckersbergstr. 34 ·
24558 Henstedt-Ulzburg ·
(0 41 93) 5 08 19 71 ·
www.restaurant-muzo.de ·
Di–Sa 17.30–22.30 Uhr

km 0–3,5 Vom U-Bahnhof Ohlstedt zum Nahverkehrsmuseum Kleinbahnhof Wohldorf

Vom U-Bahn-Ausgang kommend, halten wir uns links, um bald darauf rechter Hand in Timms Hege einzubiegen. Am Rande des Wohldorfer Waldes fahren wir weiter bis zum Kupferredder, der rechts abgeht. Anschließend geht es links in den Melhopweg und dann rechts in den Mühlenredder. Nach etwa 1,5 Kilometern biegt man links in den Schleusenredder ab. Linker Hand befindet sich das **Nahverkehrsmuseum Kleinbahnhof Wohldorf** ❶.

Das auf den ersten Blick urig aussehende Museumsgebäude am Waldrand ist das ehemalige Güterabfertigungsgebäude der elektrischen Kleinbahnstrecke von Altrahlstedt nach Wohldorf. 1903 erteilte der Hamburger Senat die Konzession, eine Bahnverbindung vom Bahnhof Altrahlstedt in die hamburgischen Walddörfer zu bauen. 1907 war die Strecke vollständig fertiggestellt. Der letzte noch betriebene Streckenabschnitt wurde Anfang der 1960er-Jahre eingestellt, die ehemalige Trasse durch den Wohldorfer Wald entwickelte sich zu einem Wanderweg. Eisenbahnfreunde können im Museum Originalteile, Dokumente, Modelle und Fotos des ehemaligen Bahnabschnitts sowie zur Historie des öffentlichen Nahverkehrs in Hamburg und seiner Umgebung in Augenschein nehmen (Schleusenredder 10 · 22397 Hamburg · So 13–16 Uhr · 2 € / 1 €).

km 3,5–10 Vom Nahverkehrsmuseum nach Wilstedt

Weiter geht es auf dem Schleusenredder, dann über den Duvenstedter Damm. Am Kreisel fahren wir rechter Hand die Straße Lohe weiter, nach etwa 200 Metern biegen wir links in den Tangstedter Weg ab. Er geht in den unasphaltierten Duvenstedter Weg über, der an Feldern vorbeiführt. Anschließend folgt rechter Hand ein kurzer Wegabschnitt neben der B 432. Danach überquert man die Kreuzung linker Hand und fährt an der K 51 weiter Richtung Tangstedt. Wir durchradeln den zum Kreis Stormarn gehörenden Ort und fahren an der K 51 weiter bis **Wilstedt.**

km 10–16 Von Wilstedt zur Alsterquelle

Von der Tangstedter Straße (K 51) kommend, biegt man in der Ortsmitte linker Hand auf den Dorfring ab, der einen Rechts-

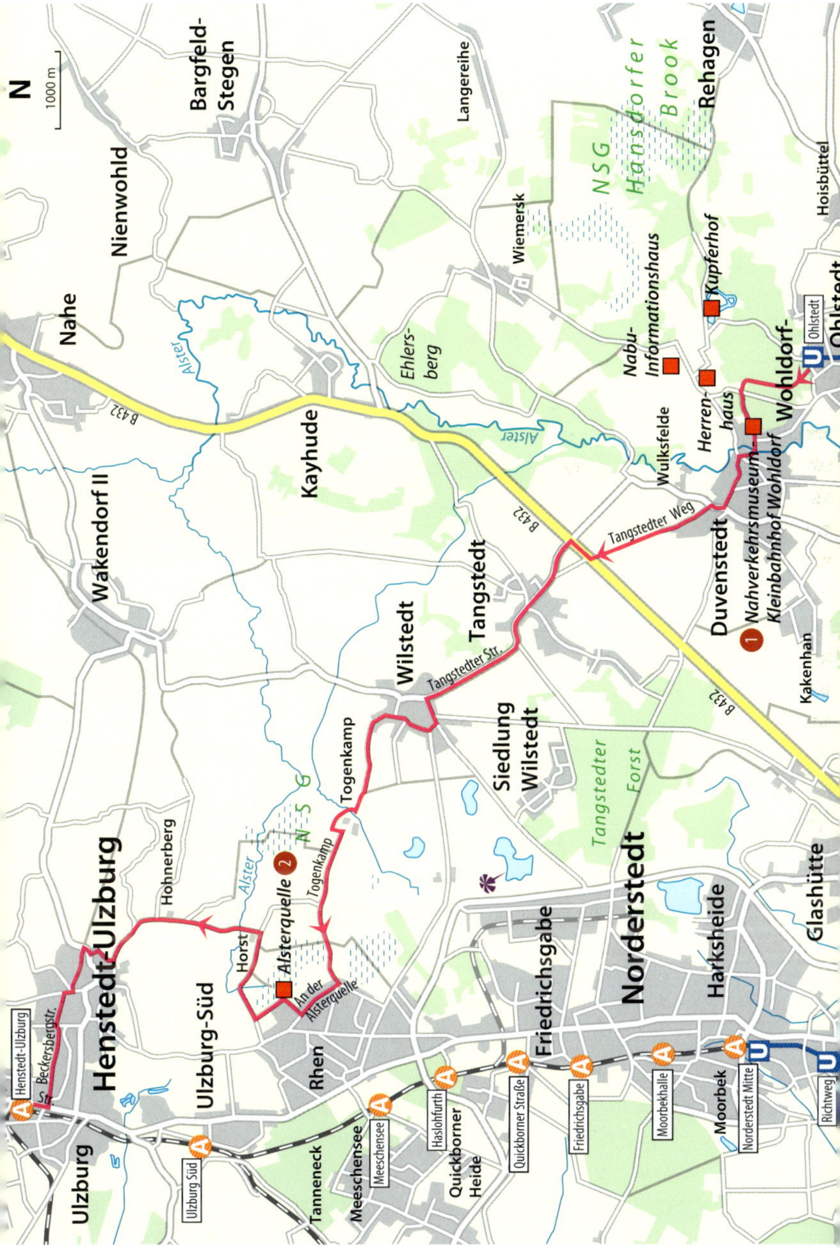

N
1000 m
Nahe
Nienwohld
Bargfeld-Stegen
Langereihe
NSG Hansdorfer Brook
Rehagen
Hoisbüttel
Wiemersk
Ehlersberg
Alster
B432
Kayhude
Wakendorf II
Wilstedt
Tangstedt
Tangstedter Weg
Tangstedter Str.
Duvenstedt
Wulksfelde
Nabu-Informationshaus
Kupferhof
Herrenhaus
Nahverkehrsmuseum Kleinbahnhof Wohldorf
Wohldorf-Ohlstedt
Ohlstedt
Kakenhan
Siedlung Wilstedt
Tangstedter Forst
Togenkamp
NSG
Alsterquelle
An der Alsterquelle
Horst
Hohnerberg
Henstedt-Ulzburg
Beckersbergstr.
Ulzburg-Süd
Ulzburg
Ulzburg Süd
Rhen
Tanneneck
Meeschensee
Haslohfurth
Quickborner Heide
Quickborner Straße
Friedrichsgabe
Norderstedt
Harksheide
Moorbekhalle
Moorbek
Norderstedt Mitte
Glashütte
Richtweg

Die Route zur Alsterquelle bietet schöne Naturimpressionen

knick macht und schließlich in den Henstedter Weg übergeht. Die nun beginnende Wegstrecke entschädigt für die nicht immer verkehrsarmen vorhergehenden Etappen. Auf einem asphaltierten Weg führt sie am südlichen Rand des **Naturschutzgebiets Oberalsterniederung** *durch facettenreiche Natur. Die Route wird teilweise von Eichen gesäumt, führt durch kleine Waldstücke, oft hat man freie Sicht über weite Grünflächen. Nach etwa 13,5 Kilometern macht der Weg eine Rechtsbiegung. Wir durchradeln* **Togenkamp** *und halten uns danach linker Hand. Nach weiteren 2,5 Kilometern erreicht man die erste Bebauung von* **Henstedt-Rhen.** *Man biegt rechts in die Straße An der Alsterquelle ein, von dort die zweite Straße rechts ab in den Quellenweg. Ein beschilderter Fußweg führt zur* **Alsterquelle** 2.

Der Anblick der Alsterquelle ist eher unspektakulär: Eingefasst von einer geschwungenen Feldsteinmauer liegt ein runder Bronzerost auf einer stehenden, trüben Wasseroberfläche. Bei genauerem Hinsehen ist die eingravierte Aufschrift „Quellgrund der Alster“ erkennbar, außerdem die Türme aus dem Hamburger

Stadtwappen sowie eine Nixe. Zwar liegt die Alsterquelle auf dem Gebiet von Henstedt-Ulzburg, sie befindet sich aber im Besitz der Hansestadt. Dass hier erstmal nichts sprudelt und fließt, ist typisch für Quellen in Norddeutschland – das Gefälle fehlt einfach. Auch wenn es vom Ursprung des Flüsschens bis zur Mündung in die Elbe lediglich knapp 25 Kilometer Luftlinie sind, bringt es die Alster auf eine Länge von insgesamt 56 Kilometern. Zurückzuführen ist das auf die zahlreichen Windungen und Schleifen, die sie in ihrem Oberlauf macht. Reizvoll ist es, das umliegende **Alsterquellmoor** – den westlichen Teil des Naturschutzgebiets Oberalsterniederung – von der Quelle aus zu Fuß zu erkunden.

Von der Alsterquelle in die Ortsmitte von Henstedt-Ulzburg

km 16–22,5

Weiter auf dem Quellenweg, der einen Linksknick macht, fährt man rechts auf die Straße Timmhagen. An der nächsten Weggabelung biegen wir links in den Hohnerberg (der zarte Bach, der sich durch die Wiesen zieht, ist natürlich die Alster). Dann weiter geradeaus in den Wohldweg. Anschließend an schönen Reetdachhäusern vorbei rechter Hand in die Dorfstraße (L 75). An der nächsten Kreuzung linker Hand in die Kisdorfer Straße. Von hier wiederum links in die Bürgermeister-Steenbock-Straße. Geradeaus weiter in den Schäferberg und weiter rechts in die Beckersbergstraße.

Henstedt-Ulzburg entstand 1970 durch den Zusammenschluss der Dörfer Götzberg, Henstedt und Ulzburg. Die ehemaligen Bauerndörfer wurden Ende der 1950er-Jahre besonders von den Hamburgern als attraktiver Wohnort im Grünen entdeckt. Ein Bauboom setzte ein. Die Großgemeinde, in der auch die Pinnau ihre Quelle hat, zählt rund 27 000 Einwohner.

Von der Ortsmitte Henstedt-Ulzburgs zum AKN-Bahnhof

km 22,5–24

An der zweiten Ampel fahren wir auf der gegenüberliegenden Straßenseite in den Korl-Barmstedt-Weg, einen Rad- und Wanderweg, der bis nach Bad Oldesloe führt (▸ Tour 4). Nach etwa 1,5 Kilometern erreicht man die L 326. Rechter Hand über die nächste Kreuzung gelangt man zum **AKN-Bahnhof Henstedt-Ulzburg** *auf der gegenüberliegenden Straßenseite.*

Henstedt-Ulzburg – Bad Oldesloe

4 Auf der alten Bahntrasse in das einstige Kurbad

Start	Ziel	Länge	Fahrzeit
AKN-Bhf. Henstedt-Ulzburg	Bhf. Bad Oldesloe	34,5 km	3,5 Std.

Anfang der 1970er-Jahre wurde die Bahnstrecke von Henstedt-Ulzburg nach Bad Oldesloe außer Betrieb genommen. Den ehemaligen Schienenweg baute man zu einem Radwanderweg aus, auf dem es sich – ungestört vom Autoverkehr – entspannt und bequem radeln lässt. Begleitet wird die Strecke von Europas längstem Obstlehrpfad. Vom Sattel aus genießt man die Aussicht auf die Landschaft aus Wiesen, Wäldchen und Mooren. Nach zwanzig Kilometern auf der geraden Strecke führt unsere Route durch eine leicht hügelige Endmoränenlandschaft zum Kloster Nütschau. Zielpunkt ist die charmante Kreisstadt Bad Oldesloe, in der die Beste in die Trave fließt.

Bei Henstedt-Ulzburg beginnt Europas längster Obstlehrpfad

Infos zur Tour

Anfahrt
AKN-Bahnhof Henstedt-Ulzburg (S21 wochentags mind. alle 20 Min., Sa/So mind. alle 40 Min. ab Hamburg Hbf. bis Eidelstedt, dann Umstieg in die A1, 56 Min. Fahrzeit)

Rückfahrt
Bahnhof Bad Oldesloe (RE 8, RE 80, RB 81 mind. 2x stdl., 26–43 Min. bis Hamburg Hbf.)

Streckenverlauf
Henstedt-Ulzburg – Wakendorf II – Nahe – Sülfeld – Grabau – Vinzier – Nütschau – Bad Oldesloe

Streckencharakteristik
Ebene Strecke mit abwechslungsreicher Natur. Ab Grabau durch dörflich geprägte, verkehrsarme Gegend mit mäßigen Steigungen, teilweise mit Radwegen. Ab Nütschau kurzzeitig auf holprigem Wanderweg.

Schwierigkeit
Leicht bis mittel

Für Kinder
Ja

Beschilderung
Ja

Baden
Freibad Itzstedt
Seeweg 29 · 23485 Itzstedt · (0 45 35) 4 42 · www.freibad-itzstedt.de · Mitte Mai–Mitte Sep. 9–20, Mitte Juni–Mitte Aug. 9–21 Uhr · 3 € / 1 €

Freibad Poggensee
Strandbad am Naturbadesee
Am Poggensee · 23843 Oldesloe · (0 45 31) 20 60 · 1. Juni–31. Aug. 10–20 Uhr, 1.–15. Sep. 10–19 Uhr · 2 € / 1 €

Einkehren
Café & Crêperie Provence
Romantisch-verträumtes Café in einem historischen Kornspeicher, malerisch an der Peter-Paul-Kirche gelegen. Leckere Flammkuchen, süße und herzhafte Crêpes.
Kirchberg 2 · 23843 Bad Oldesloe · (0 45 31) 4 33 99 30 · www.creperie-provence.de · Di–Fr 10–18, Sa 10–15, So 10–17 Uhr

Restaurant Agostino
Italienische Küche, geschmackvoll-rustikales Ambiente.
Am Bürgerpark 6 · 23843 Bad Oldesloe · (0 45 31) 8 97 22 22 · www.ristorante-agostino.de · Di–Sa 11.30–14.30 und 17.30–23, So 11.30–14.30 und 17.30–22 Uhr

N
1000 m
Kaltenkirchen
Kaltenkirchen
Kaltenkirchen Süd
Winsen
Ostermannshörn
Hüttblek
Oerin
Itzstedt
Kisdorf
Itzstedter See
Nahe
NSG
Nienwohlder Moor
Henstedt-Ulzburg
Henstedt-Ulzburg
Götzberg
Wakendorf II
Nienwohld
Ulzburg Süd
Ulzburg-Süd
Alster
Alsterquelle
Alster
Bargfeld-Stegen

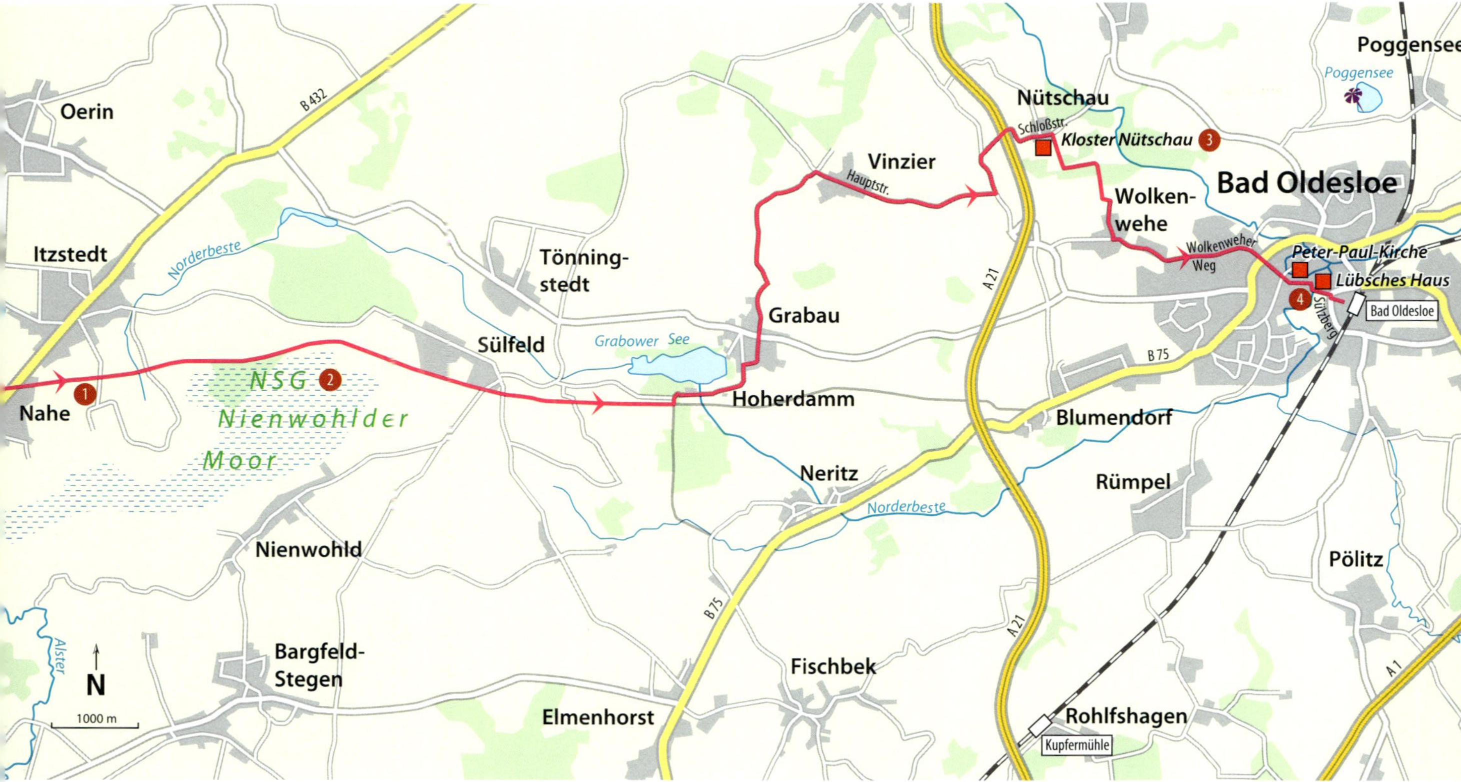
Poggensee
Poggensee
Oerin
B 432
Nütschau
Schloßstr.
Kloster Nütschau 3
Vinzier
Hauptstr.
Bad Oldesloe
Wolken-
wehe
Wolkenweher
Weg
Peter-Paul-Kirche
Lübsches Haus
4
Sülzberg
Bad Oldesloe
Itzstedt
Norderbeste
Tönning-
stedt
Grabau
A 21
Sülfeld
Grabower See
B 75
Nahe
1
NSG 2
Nienwohlder
Moor
Hoherdamm
Blumendorf
Neritz
Norderbeste
Rümpel
Nienwohld
Pölitz
B 75
A 21
Alster
N
1000 m
Bargfeld-
Stegen
Fischbek
A 1
Elmenhorst
Rohlfshagen
Kupfermühle

Ein kleiner Abschnitt auf dieser Tour führt durch leicht hügelige Landschaft

km 0–7 Von Henstedt-Ulzburg nach Wakendorf II

In **Henstedt-Ulzburg** *verlässt man den Bahnhof entgegengesetzt der Fahrtrichtung, quert die Hamburger Straße, hält sich rechts und biegt nach wenigen Metern in den Korl-Barmstedt-Weg ein, der Beginn des Radwanderweges nach Bad Oldesloe. Nach wenigen Kilometern beginnt der* **Obst- und Gehölzlehrpfad** 1.

Über 160 Obstbäume, darunter auch vergessene Sorten, wurden entlang der stillgelegten Kleinbahntrasse zwischen Henstedt-Ulzburg und Blumendorf bei Bad Oldesloe angepflanzt. Jeder Baum ist mit einer Tafel versehen, die über Herkunft, Wuchs sowie Eigenschaften der Frucht informiert.

km 7–20 Von Wakendorf II nach Grabau

In **Wakendorf II** *quert man die Landstraße (L 75) und fährt auf der gegenüberliegenden Straßenseite weiter. In* **Nahe** *macht die Route eine Kehrtwende: Man biegt rechts in die Straße Lüttdörp ein, fährt anschließend einige Meter linker Hand weiter und biegt wieder links ein. Bald darauf muss die B 432 überquert werden, danach* *geht es rechter Hand neben dem Discounter weiter. Der folgende Streckenabschnitt führt bald an urwüchsigen Birkenwäldern vorbei, die das Luhdener Moor und das Viertmoor säumen.*

Beide Hochmoore gehören zum **Naturschutzgebiet Nienwohlder Moor** 2, das insgesamt mehr als 450 Hektar umfasst. Ab den 1950er-Jahren wurde in dem Gebiet industriell Torf abgebaut, 1977 wurde der Betrieb eingestellt. Seit 1982 stehen die Moore unter Naturschutz und werden renaturiert. Mittlerweile ist das Areal Lebensraum verschiedener Brutvögel. Auch eine beachtliche Anzahl von Libellenarten, die auf der Roten Liste stehen, haben sich hier angesiedelt.

Von Grabau nach Nütschau

km 20–28

Nach zwanzig Kilometern verlassen wir die alte Bahntrasse und biegen links ab zum Ort Grabau. Man fährt rechts weiter in die Straße Hoherdamm, dann links über die Dorfstraße bis zur Landstraße (L 226). Dort biegt man rechts ein. Dann die erste Straße links ab Richtung Vinzier. Wenn man auf die nächste Hauptstraße (K 66) stößt, geht es rechter Hand auf dem Radweg weiter. An der nächsten Gabelung links ab nach Nütschau und am Ortseingang geht es rechts in die Schloßstraße, die nach der Autobahnunterführung zum **Kloster Nütschau** 3 *führt.*

Kloster Nütschau ist das nördlichste Benediktinerkloster Deutschlands. Dominiert wird das Areal von einem dreigiebligen Herrenhaus, das 1579 im Auftrag von Graf Heinrich Rantzau fertiggestellt wurde. Der Bischof von Osnabrück kaufte es 1951 für die Benediktiner der Abtei Gerleve auf. Zunächst diente es als Exerzitienhaus. Es wurde nach und nach um weitere Gebäude ergänzt. Die heutige Klosterkirche ist nach Entwürfen aus den frühen 1970er-Jahren entstanden. Den kreisförmigen Innenraum des quadratischen Gebäudes zieren bunte, durchscheinende Fenster, die die Farben der umge-

Kloster Nütschau: das Herrenhaus

benden Natur aufnehmen und eine Verbindung zu ihr herstellen. Der modern anmutende Altar sowie die Altarrückwand sind aus Kunstharz und Glas geschaffen. Seit 1975 ist Nütschau ein selbstständiges Kloster. Es ist offen für alle und unterhält eine Bildungsstätte (Schloßstraße 26 · 23843 Travenbrück · (0 45 31) 5 00 40 · www.kloster-nuetschau.de).

km 28–34 Von Nütschau in die Innenstadt von Bad Oldesloe

Vom Kloster kommend, fährt man rechter Hand weiter und biegt in den ersten Weg rechts ein. An der nächsten Weggabelung des teilweise leicht holprigen Wanderweges geht es links weiter. Der Weg macht einen Rechtsknick und geht schließlich in die Straße Zur Grünen Brücke über. Man erreicht den dörflich geprägten Bad Oldesloer Stadtteil **Wolkenwehe.** *Wir biegen links in die Wolkenweher Dorfstraße ein, die zum Wolkenweher Weg wird. Weiter geradeaus über die Schützenstraße, dann links ab in die Hagenstraße bis zum Markt in* **Bad Oldesloe** 4.

Schmuckstück des Platzes ist das historische **Rathaus** im klassizistischen Stil, das von dem Architekten Christian Frederik Hansen entworfen und Anfang des 19. Jahrhunderts eingeweiht wurde. Der bekannte Däne leitete den Wiederaufbau der Stadt, nachdem ein Großbrand sie zerstört hatte. Oldesloes Gründung wird auf das 12. Jahrhundert datiert. Während der Hansezeit entwickelte sich die Stadt dank der schiffbaren Trave zu einem wichtigen Umschlagplatz für den Handel. Lange wurde in Oldesloe Salz gewonnen. Weil unter anderem die Konkurrenz Lüneburgs (▸ Seite 142) übermächtig war, wurden alle Anlagen der Saline 1866 abgerissen. Schon 1813 hatte ein Apotheker aus Oldesloe ein Sole-, Moor- und Schwefelbad ins Leben gerufen. Die Stadt erlebte eine Blütezeit als Kurbad. Schöne Villen und der Kurpark erinnern noch an diese Zeit.

Über den Marktplatz links in die Hindenburgstraße, dann geht es rechts in die Mühlenstraße durch die Fußgängerzone bis zur Straße Hude, wo sich linker Hand das **Blaue Haus** *befindet.*

Seine Bezeichnung verdankt das Bauwerk dem blauen Schindeldach. Das Blaue Haus, das früher **Lübsches Haus** genannt wurde, hat seine Ursprünge im 14. Jahrhundert und diente als Lagerhaus. In seiner heutigen Form ist es um 1500 entstanden. Da es – ebenso wie die Peter-Paul-Kirche – den Stadtbrand von 1798 unbeschadet überstanden hat, gilt es als ältestes Gebäude der Stadt. Geht man ein paar Schritte neben dem Blauen Haus an der Trave entlang, gelangt man zu der Stelle, an der die Beste in die Trave mündet. Auf der gegenüberliegenden Seite des Platzes erhebt sich die spätbarocke **Peter-Paul-Kirche** von 1763, die Anfang der 1960er-Jahre grundlegend umgebaut wurde (Kirchberg · 23843 Bad Oldesloe · Mo–Fr von 9–15 Uhr geöffnet).

Von der Innenstadt bis zum Bahnhof Bad Oldesloe

km 34–34,5

Wir fahren den Kirchberg bis zum Ende und biegen linker Hand in die Kurparkallee ab, die wir überqueren. Am Rand des Kurparks entlang geht es rechts in die Straße Sülzberg, von dort links in die Bangertstraße. An deren Ende biegt man rechts in die Mommsenstraße und anschließend scharf links in die Käthe-Kollwitz-Straße, wo sich der Bahnhof Bad Oldesloe befindet.

Bad Oldesloe: Der einstige Kurpark ist heute eine naturnahe Grünoase

Pinneberg – Tornesch

5 In die Rosenstadt und zur Liether Kalkgrube

Start	Ziel	Länge	Fahrzeit
S-Bhf. Pinneberg	Bhf. Tornesch	26,5 km	2,5 Std.

Der Kreis Pinneberg gilt als größtes zusammenhängendes Baumschulgebiet und rund um Uetersen wird intensiv Rosenzucht betrieben. Grund genug für eine erholsame Tour ohne lange An- und Rückfahrt vor den nördlichen Toren der Stadt. Sie beginnt mit einer Stippvisite in der Drostei in Pinneberg, die als Kulturzentrum genutzt wird. Alternativ kann man sofort nach Uetersen durchstarten, wo das Rosarium sowie das Museum Langes Tannen zu einem Besuch einladen. Ganz entspannt geht die Fahrt weiter durch das Naherholungsgebiet Liether und Esinger Moor. Im Naturschutzgebiet Liether Kalkgrube kann man sich auf geologische Spurensuche begeben.

Die Liether Kalkgrube gilt als national bedeutendes Geotop

Infos zur Tour

Anfahrt
S-Bahnhof Pinneberg (S3 Mo–Sa alle 10 Min., So 2x stdl. ab Hamburg Hbf., 38 Min. Fahrzeit oder RB 61 alle 60 Min. ab Hamburg Hbf., 18 Min. Fahrzeit)

Rückfahrt
Bahnhof Tornesch (RB 61, alle 60 Min., 25 Min. bis Hamburg Hbf.)

Variante
Tour kombinierbar mit Tour 6

Streckenverlauf
Pinneberg – Appen – Moorrege – Uetersen – Tornesch

Streckencharakteristik
Bequeme und entspannende Tour auf asphaltierten Wegen und gut zu befahrenen Waldwegen, vorbei an Baumschulen, durch Naherholungsgebiete.

Schwierigkeit
Leicht

Für Kinder
Ja

Beschilderung
Ja, lokale Ausschilderung. Vom Museum Langes Tannen bis Liether Kalkgrube teilweise auf dem Ochsenweg

Naturbad Oberglinde
An der Tonkuhle · 25436 Moorrege · (0 41 22) 8 16 05 · www.naturbad-oberglinde.de · Mai–Sep. Mo–Fr 14–20 Uhr · Sa/So/Fei 9–20 Uhr · Kiosk und Sanitäreinrichtungen · Eintritt frei

Einkehren
Erlebnisbauernhof und Hofcafé Almthof
Freundliches, rustikal eingerichtetes Hofcafé mit großer Außenterrasse vis-à-vis von Schafen, Kühen & Co. Im Angebot: Kuchen, Waffeln, Eis und herzhafte Kleinigkeiten.
Almtweg 37 · 25482 Appen · (0 41 01) 20 84 29 · www.almthof.de/cafe · Do/Fr 14–18 Uhr, Sa 13–18 Uhr, So 11–18 Uhr

Restaurant Parkhotel-Rosarium
Gepflegtes , familiengeführtes Golf- und Tagungshotel. Reizvolle Außenterrasse mit freier Sicht auf das Rosarium. Umfangreiches gastronomisches Angebot.
Berliner Straße 10 · 25436 Uetersen · (0 41 22) 9 21 80 · www.parkhotel-rosarium.de/restaurant · tgl. 6.30–22, Bistrokarte 14–18, Restaurant 12–14.30 und 18–22 Uhr

Café Langes Mühle
Liebevoll geführtes und mit historischem Mobiliar eingerichtetes Kleinod. Serviert werden selbst gebackene Torten und Kuchen.
Heidgrabener Straße 3 · 25436 Uetersen · (0 41 22) 90 05 67 · www.cafe-langes-muehle.de · Mi, Fr–So 14–18 Uhr, jeden 1. Montag im Monat ab 19 Uhr Literatur im Café

Abstecher zur Drostei

Viele Sehenswürdigkeiten hat die Kreisstadt **Pinneberg** *nicht zu bieten. Wer sich dennoch einen Eindruck von der historischen Vergangenheit der Stadt und seinem Kulturleben verschaffen möchte, nimmt am* **Bahnhof Pinneberg** *den Ausgang Stadtmitte. Am Bahnhofsplatz hält man sich links und fährt in die Rockvillestraße. Nach knapp 100 Metern führt rechter Hand ein Radweg durch die Wohnanlage. Schnell gelangt man anschließend in den Drosteipark mit der restaurierten* **Drostei.**

Im Stil des norddeutschen Backsteinbarocks zwischen 1765 und 1767 erbaut, diente die Drostei einst als Wohn- und Amtssitz des dänischen Verwalters der Grafschaft Pinneberg. In den 1960er-Jahren wurde das Bauwerk unter Denkmalschutz gestellt. Nach mehrjähriger Restaurierungszeit wird die Drostei seit Anfang der 1990er-Jahre als Kreiskulturzentrum genutzt. Präsentiert werden wechselnde Ausstellungen, zudem finden Lesungen und Konzerte statt (Dingstätte 23 · 25421 Pinneberg · (0 41 01) 2 10 30 · www.drostei.de · Ausstellungen jeweils Mi–So von 11–17 Uhr · 3 € / 1,50 € / bis 18 Jahre frei).

km 0–5 Vom Bahnhof Pinneberg nach Appen

Über den Ausgang Quellental geht es geradeaus in die Straße An der Mühlenau durch ein kleines Parkgelände. Am Kreisel biegt man links in die Richard-Köhn-Straße ab, von dort rechts in die Oeltingsallee, die man bis zum Ende durchfährt. Man hält sich rechter Hand, um gleich darauf links in den schmalen Rad- und Fußgängerweg Küstringer Straße einzubiegen. Der Weg führt zur Breslauer Straße, in die man links einbiegt. Am Kirchhofsweg wieder links, dann links in die Straße Blauer Kamp. Sie führt zum Thesdorfer Weg, wo man rechter Hand weiterfährt. Nach der Kreuzung geht es in die Lange Twiete. Anschließend überquert man die L 103 und fährt in die Fahrradstraße, dann weiter durch den Ossenblink.

km 5–14,5 Von Appen zum Rosarium Uetersen

Am Eingang von **Appen** *rechts ab, dann über die Hauptstraße und auf dem gegenüberliegenden Rad- und Fußweg weiter. Anschließend biegt man rechts in die Osterholder Straße ein. Kurz darauf geht es linker Hand über den Pinnaubogen durch ein Wohn-*

N
1000 m
Borstel-
Hohenraden
Pinneberger Dorf
Kummerfeld
A 23
Rellingen
Drostei
Thesdorf
Pinneberg
Thesdorfer Weg
Eggerstedt
Prisdorf
Ossenblink
Ahrenlohe
Tornesch
Pinnau
Hauptstraße
Appen
Natur-schutz-gebiet
Ahrenloher Straße
Eisinger Moor
Almt-weg
Heimstättenstraße
Unterglinde
Glinder-weg
Segelflugplatz
Liether Moor
Unter-glinde
Uetersen
Oberglinde
Liether Kalkgrube
Heidgraben
Rosarium
Pinneberger Chaussee
Heidrege
Lusbarg
Museum Langes Tannen
Schloss
Moorrege
B 431
Birkenweg
Kloster
Klein Nordende
Sand-barg
Heist
Groß Nordende

Der Kreis Pinneberg gilt als größtes zusammenhängendes Baumschulgebiet

gebiet. Wieder links in die Straße Beeksfelde, dann rechts in den Schmetterlingsweg. Durch die Eigenheimsiedlung fahren wir anschließend in die Straße Op de Lohe, dann rechts in den Almtweg. An Baumschulen vorbei, erreicht man den Appener Ortsteil Unterglinde. Es geht links ab in den Unterglinder Weg, der einen Rechtsknick macht und von knorrigem Baumbestand gesäumt wird, dann führt er an Wiesen und Weiden vorbei. Wir kommen am Ortseingang von **Moorrege** *an und biegen rechts ab. Auf dem Fahrradweg neben der L 106 fahren wir bis zur Straße An der Tonkuhle und biegen dort rechter Hand ein. Vorbei am* **Naturbad Oberglinde** *geht es durch ein kühles Wäldchen, an dessen Ende man vom asphaltieren Weg rechts in einen Waldweg abbiegt (beschildert), danach geht es an der Weggabelung linker Hand weiter. Vom Glindhof kommend, biegen wir schließlich rechts in die Pinneberger Chaussee ein. Am Radweg neben der B 431 überqueren wir die Pinnau und sind in* **Uetersen** *angekommen. Wir fahren über die Kreuzung, halten uns links und biegen die zweite Straße rechts in die Katharinenstraße ein. Fast am Ende der ruhigen Seitenstraße befindet sich linker Hand ein Zugang zum* **Rosarium** 1.

Um sich „Rosenstadt“ nennen zu dürfen, muss die edle Blume als „prägender Ortsbestandteil“ vorhanden sein. So will es die Gesellschaft Deutscher Rosenfreunde, die den schmeichelhaften

Titel vergibt. Uetersen darf sich seit 1992 mit der Bezeichnung schmücken. Das Rosarium im Zentrum des rund 19000 Einwohner zählenden Städtchens umfasst eine Fläche von sieben Hektar. Mehr als 900 unterschiedliche Rosenarten werden präsentiert. Die Rosenzucht hat Tradition in Uetersen: Bereits 1909 fand eine Schnittrosenschau statt und ein erster Rosenpark entstand. Das heutige Rosarium wurde in den Jahren 1929 bis 1934 angelegt (durchgehend geöffnet · Führungen in der Rosensaison von Mitte Juni–Anfang Sep. So um 10.30 Uhr · Eintritt frei).

Vom Rosarium Uetersen zum Museum Langes Tannen

km 14,5–15,5

Von der Katharinenstraße kommend, biegt man linker Hand in die Jahnstraße ein und fährt bis zur Tantaus Allee, in die man rechts einbiegt und die zur Heidgrabener Straße wird. Gleich am Beginn weist linker Hand ein unauffälliges Schild auf das **Café Langes Mühlen** *hin. Über einen wunderschönen Alleenweg erreicht man das Anwesen rund um das* **Museum Langes Tannen** 2.

Das heute unter Denkmalschutz stehende Gebäudeensemble besteht aus einem ehemaligen Herrenhaus, einer Scheune sowie dem Unterteil einer Windmühle. Das idyllisch gelegene Areal lädt dazu ein, Geist und Seele baumeln zu lassen. Die Geschichte des Ortes ist schnell erzählt: Seit 1739 führte die Familie Lange an dieser Stelle ein Mühlenunternehmen, das in der Mitte des 19. Jahrhunderts seine Blütezeit erlebte. Nachdem die Familie eine moderne Korndampfmühle in Hamburg-Altona in Betrieb nehmen konnte, wurde der Mühlenbetrieb in Uetersen 1904 eingestellt. Ende der 1970er-Jahre schenkte die Familie das Anwesen der Stadt und der historisch gewachsene Besitz wurde der Öffentlichkeit zugänglich gemacht. Das ehema-

Rosarium Uetersen: fast tausend Rosenarten

Das Museum Langes Tannen: Wohnkultur aus der Biedermeierzeit

lige Herrenhaus beherbergt die Ausstellung „Bürgerliche Wohnkultur in Norddeutschland vom späten 18. bis zum frühen 20. Jahrhundert“, deren Exponate vorrangig aus dem Hausinventar der Familie Lange stammen. In der neu errichteten Scheune nach dem historischen Vorbild von 1762 werden jährlich vier bis fünf Ausstellungen aus unterschiedlichen Kunstbereichen präsentiert. In dem achteckigen Sockel der 1889 abgebrannten Windmühle ist heute ein Café untergebracht (Heidgrabener Straße · 25436 Uetersen · (0 41 22) 97 91 06 · www.langes-tannen.de · Mi, Sa/So 14–18 Uhr · 2 € / bis 15 Jahre frei).

Vom Museum Langes Tannen zur Liether Kalkgrube

km 15,5–21

Hinter der Mühle geht es weiter auf dem Ochsenweg/Liether Grube-Rundweg durch ein Waldstück. Geist und Seele können weiterbaumeln, denn die grüne, ruhige Umgebung stimmt vollständig auf Entspannung ein. Der Weg bis zur Liether Grube ist hervorragend beschildert. In Kurzform: Bevor es in das Wohngebiet geht, biegt man rechts in den Waldweg ab, anschließend links in den Voßberg. An dessen Ende rechts in die asphaltierte Waldstaße, von dort links in den Groß Nordender Weg, dann rechts ab in den Sandberg, an dessen Ende man die Landstraße überqueren muss. Geradeaus weiter in den Birkenweg, am Ende rechts abbiegen und dann gleich links in den Lusbarg, wo sich der Zugang zum **Naturschutzgebiet Liether Kalkgrube** ③ *befindet.*

Die Liether Kalkgrube animiert dazu, aus dem Sattel zu steigen, einen Rundgang um das Areal zu machen oder gleich die Mitte der Grube zu erkunden. Am Eingang befindet sich ein Findlingsgarten. Die etwa zwei Dutzend wuchtigen Steine wurden vermutlich in der Eiszeit als „Gletscherfracht" von Schweden nach Schleswig-Holstein transportiert. Entstanden ist das 16 Hektar umfassende NSG durch den Abbau von Kalk, Ton und Sand. Beim Bau der Bahnstrecke von Hamburg-Altona nach Kiel stieß man zunächst auf roten Ton, aus dem man in den folgenden Jahrzehnten Ziegel herstellte. Dabei wurde auch Kalk entdeckt, der seit 1925 abgebaut wurde. Durch den Abbau wurden geologische Formationen freigelegt, die etwa 250 Millionen Jahre alt sind. In dem Lebensraum gedeihen inzwischen gefährdete Pflanzenarten wie das Sumpfherzblatt, auch mehrere gefährdete Amphibien- und Insektenarten fühlen sich hier wohl (von April bis Oktober findet monatlich an einem Samstag eine öffentliche Führung statt. Infos unter: www.lietherkalkgrube.de).

Von der Liether Kalkgrube zum Bahnhof Tornesch

km 21–26,5

Auf der gut ausgeschilderten Route geht es weiter über Finkhorn, anschließend rechts ab in den Rotenlehm. Man überquert die Bahngleise und fährt linker Hand weiter in den Weg Liether Moor. Nach einem Linksknick biegt man rechts in Bi'n Himmel ein, man hält sich links und biegt dann rechter Hand in den Grenzweg. Von dort geht es links in die Heimstättenstraße am Rande von Tornesch, die in die Wilhelmsstraße übergeht. Man gelangt auf die Ahrenloher Straße, hält sich rechts und fährt direkt auf den Bahnhof zu (linker Hand).

Entspannende Strecke durchs Grüne

Tornesch – Barmstedt

6 Zum Arboretum und auf die Rantzauer Schlossinsel

Start	Ziel	Länge	Fahrzeit
Bhf. Tornesch	AKN-Bhf. Barmstedt	23,5 km	2,5 Std.

Die ersten Arboreten – Sammlungen von Sträuchern und Bäumen – entstanden im späten 18. Jahrhundert, als durch Forschungsreisen und den Handel mit fernen Ländern exotische Gehölze nach Europa gelangten. Das 1956 entstandene Arboretum in Ellerhoop-Thiensen ist nicht nur ein Sichtungsgarten für Botaniker, sondern längst ein beliebter Anziehungspunkt für Gartenfreunde und Blumenliebhaber. Über ruhige Streckenabschnitte an Kuhweiden, Maisfeldern und einsamen Bauernhöfen vorbei, geht es zur zweiten Station auf dieser Tour: in die Kleinstadt Barmstedt. Die dortige Schlossinsel und der Rantzauer See sind lauschige Orte, die für Erholung sorgen.

Arboretum in Ellerhoop-Thiensen: Bauerngarten vor dem historischen Münsterhof

Infos zur Tour

Anfahrt
Bahnhof Tornesch (RB 71 alle 30–60 Min. ab Hamburg-Altona, 17 Min. Fahrzeit)

Rückfahrt
AKN-Bahnhof Barmstedt (A3 bis Elmshorn, alle 20 bis 60 Min., Umstieg in R6/RE7/RE70/RB61 (Anschlüsse mehrmals in der Stunde) bis Hamburg-Altona, 50–60 Min.)

Streckenverlauf
Tornesch – Ellerhoop-Thiensen – Schlossinsel Rantzau – Barmstedt

Streckencharakteristik
Entspannende, abwechslungsreiche Tour mit Abschnitten vorbei an Baumschulen, Feldern, abgelegenen Bauernhöfen und durch kleine Wälder. Meist auf asphaltierten Wegen und gut befahrbaren Waldwegen.

Schwierigkeit
Leicht

Für Kinder
Ja

Beschilderung
Ja, teilweise als Ochsenweg sowie lokale Ausschilderungen

Baden
Badestelle Rantzauer See
Seestraße 12 · 25355 Barmstedt · Apr.–Sep. tgl. ab 10 bis spätestens 20 Uhr

Bootsverleih
Bootsvermietung am Rantzauer See
Rantzau 7 · 25355 Barmstedt · (0 41 23) 64 67 · www.bootsvermietung-barmstedt.de · ab dem ersten Wochenende im April

Einkehren
Café im Münsterhof
Für die erste Pause empfiehlt sich das Café mit Sonnenterrasse am Arboretum Ellerhoop-Thiensen. Es hat neben Kuchen und Torten auch warme Würstchen und Suppe im Angebot.
Thiensen 4 · 25373 Ellerhoop · März–Okt. Mo–Fr 11–18, Sa/So 10–18 Uhr

Galerie-Café Schlossgefängnis
Gemütliches Café mit Außenterrasse. Hier gibt es Kunstausstellungen, Kuchen und herzhafte Kleinigkeiten.
Rantzau 9 · 25355 Barmstedt · (0 41 23) 61 39 · www.schlossgefaengnis.de · Di–Fr 12–19, Sa/So 10–19 Uhr

Seegarten Bistro Café Restaurant
Traditionshaus mit Blick zum See, italienische und deutsche Küche.
Seestraße 10 · 25355 Barmstedt · (0 41 23) 9 22 65 90 · www.seegarten.info · tgl. 11–22 Uhr

km 0–6,5 Vom Bahnhof Tornesch zum Arboretum Ellerhoop-Thiensen

Wir verlassen den Bahnhof über einen Fußgängerdurchgang, der in die Alte Ahrenloher Straße führt. Von dort gelangt man auf die Ahrenloher Straße und biegt die nächste rechts in den Lindenweg ein. Er endet auf dem Großen Moorweg, den wir rechter Hand weiterfahren. Vor dem Lager eines Weinversands befindet sich auf der linken Seite ein schmaler, asphaltierter Wirtschaftsweg, über den die Route weiterführt. Nach etwa zweieinhalb Kilometern rechts ab, nach etwa einem weiteren Kilometer geht es links durch ein Waldstück. Anschließend weiter über den Prisdorfer Weg, der bald einen Rechtsknick macht. Es geht geradeaus über den Asperhorner Weg an abgelegenen Bauernhöfen vorbei, dann über die Autobahnbrücke. Man überquert die Lise-Meitner-Allee und fährt geradeaus auf dem Asperhorner Weg weiter. Über die K21 und weiter linker Hand. Nach circa 200 Metern geht es rechts in den Weg Thiensen, der zum **Arboretum** ❶ *führt.*

Das Arboretum in **Ellerhoop-Thiensen** umfasst eine Fläche von 17 Hektar, rund 7,5 Hektar davon sind für die Öffentlichkeit zugänglich. Die parkähnliche Anlage bildet eine Synthese aus Gartenkunst, Baumwissenschaft und Schulbiologie. Mit Farb- und Themengärten spricht das Arboretum Hobbygärtner an, aber auch Ausflügler, die gerne inmitten bunter Blütenpracht flanieren. Besonders reizvoll ist der Bauerngarten, der den historischen Münsterhof von 1664 am Eingang umgibt. In der Nähe befindet sich auch ein Heidegarten, der die Pflanzenwelt der Landschaft widerspiegelt. Im Juli/August verwandelt sich der Arboretum-See in eine blühende Lotuslandschaft. Eine schulbiologische Abteilung macht unter anderem die Entwicklungsgeschichte der Bäume anschaulich, ein Bernsteingarten informiert über die Entstehung und Verwendung des Schmucksteins. Auch die Umwelt- und Standortanpassung verschiedener Gehölze, die hier gesammelt werden, wird untersucht. So verfügt das Arboretum etwa über eine große Hortensiensammlung sowie über die größte Sammlung von Strauchpfingstrosen in Deutschland (Thiensen 4 · 25373 Ellerhoop · (0 41 20) 2 18 · www.arboretum-ellerhoop-thiensen.de · Mai–Sep. tgl. 10–19 Uhr, Okt.–Apr. tgl. 10 Uhr–Dämmerung, Dez.–15. Jan. geschlossen · 9 € / 7,50 € / 8–16 Jahre frei).

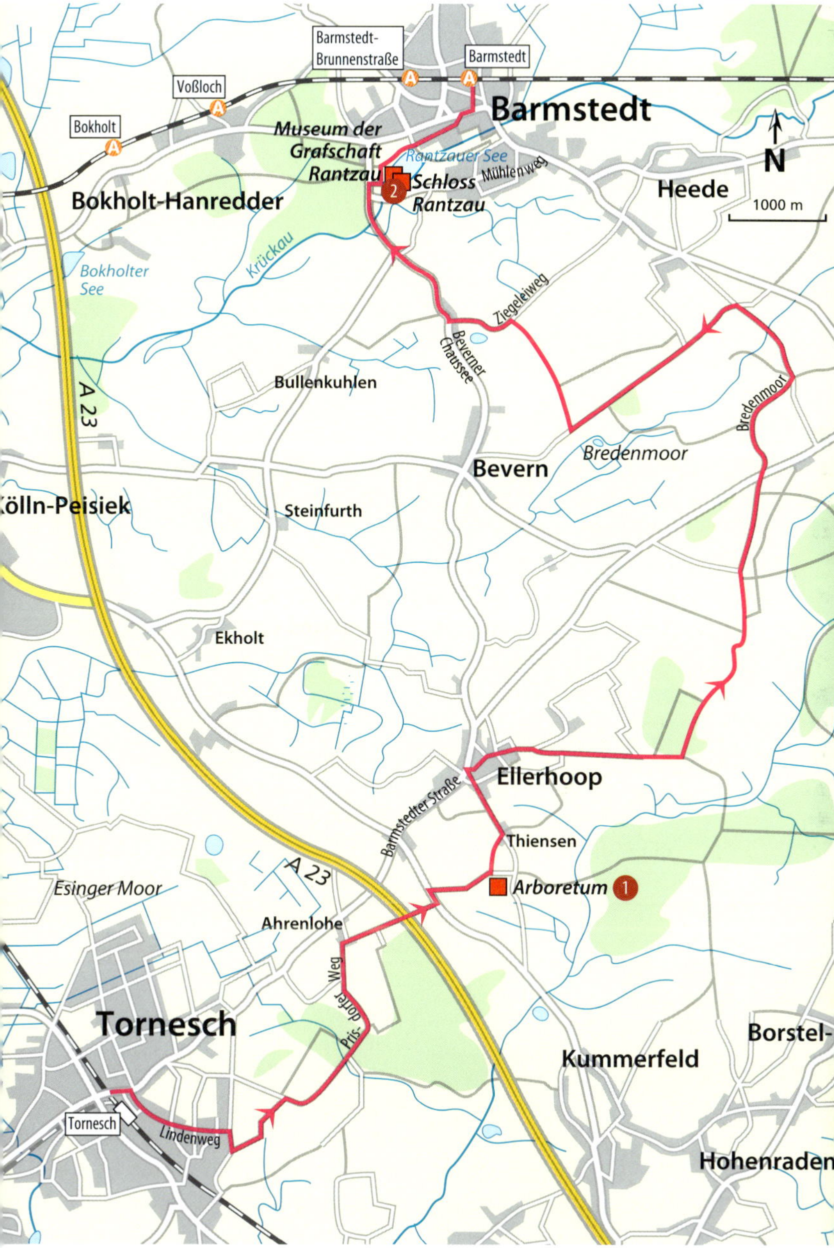
Barmstedt-Brunnenstraße
Barmstedt
Voßloch
Bokholt
Barmstedt
Museum der Grafschaft Rantzau
Rantzauer See
Schloss Rantzau
Mühlenweg
Heede
N
1000 m
Bokholt-Hanredder
Krückau
Bokholter See
Ziegeleiweg
Bevern Chaussee
A 23
Bullenkuhlen
Bredenmoor
Bevern
Bredenmoor
Kölln-Peisiek
Steinfurth
Ekholt
Ellerhoop
Barmstedter Straße
Thiensen
A 23
Esinger Moor
Arboretum
Ahrenlohe
Prisdorfer Weg
Tornesch
Borstel-
Kummerfeld
Tornesch
Lindenweg
Hohenraden

km 6,5–21,5

Vom Arboretum Ellerhoop-Thiensen zur Schlossinsel Rantzau

Vom Arboretum kommend, fahren wir schräg geradeaus in den Eekbarg, anschließend links in den Thiensener Weg. Durch ein Neubaugebiet am Rande von Ellerhoop gelangen wir zur lauten Barmstedter Straße (L 110). Wenige Meter vor der Landstraße geht rechter Hand ein Radweg ab, auf dem wir weiterfahren (laut Beschilderung nach Kaltenkirchen). Anschließend fahren wir rechts über die Dorfstraße, dann rechts in den Baumschulenweg. Weiter geradeaus bis wir in ein Wäldchen kommen. Nach etwa zehn Kilometern biegen wir an der Weggabelung links ab und umradeln den Wald. Nach rund 1,5 Kilometern geht es erneut links ab (beschildert). Von der Hochmoorsheide kommend, überquert man die L 195 und fährt geradeaus weiter in den Weg Bredenmoor, danach links in die Heeder Straße. Gleich nach der beschilderten Weggabelung biegt man links ab, nach etwa zwei Kilometern geht es rechts ab, nach circa einem Kilometer links und nach rund 200 Metern links auf den Ziegeleiweg. Am Ende des Weges biegt man rechter Hand in die Beverner Chaussee/Pinneberger Landstraße ein. Vor **Barmstedt** *umfährt man den Kreisel, dann in Fahrtrichtung weiter geradeaus. Nach etwa 100 Metern geht es rechts ab zur* **Schlossinsel Rantzau** 2.

Die Schlossinsel Rantzau und ihre Umgebung verströmen Idylle pur. Im 12. Jahrhundert bewohnten die Ritter von Barmstede die Schlossinsel, es folgten die Schauenburger und Rantzauer Grafen, dann die Verwalter des dänischen Königs. Bis 1800 bestand die Schlossinsel aus drei Inseln, die über Zugbrücken miteinander verbunden waren. In der preußischen Zeit richtete man das Amtsgericht Rantzau dort ein, das 1976 aufgelöst wurde. Die Gebäude stammen aus dem 19. Jahrhundert. Gleich hinter der Brücke, die auf die Insel führt, befindet sich rechter Hand das Schlossgefängnis, das ein Café beherbergt. Auf der gegenüberliegenden Seite, im ehemaligen Haus des Gerichtsschreibers,

Bootfahren auf dem Rantzauer See

betreibt die Malerin und Bildhauerin Karin Weißenbacher ein offenes Atelier, in dem auch Ausstellungen gezeigt werden (Galerie Atelier III · Gerichtsschreiberhaus – Schlossinsel Rantzau · 25355 Barmstedt · (0 41 23) 30 26 · www.karin-weissenbacher.com · Di–Do 14–18, Sa/So 12–18 Uhr). In der Remise hinter dem Gebäude war ursprünglich das Back- oder Waschhaus des Schlosses untergebracht. Jetzt präsentiert dort eine Künstlerin Keramikarbeiten. Im einstigen Gerichtsgebäude befindet sich das **Heimatmuseum,** das sich mit der Geschichte der „Freien Reichsgrafenschaft Rantzau" befasst. Auch der einstige Alltag der Menschen in Handwerk und Landwirtschaft wird thematisiert (Museum der Grafschaft Rantzau · Rantzau 13 · 25355 Barmstedt · (0 41 23) 42 96 · www.museum-grafschaft-rantzau.de · Apr.–Sep. So 14–17, Okt.–März So 13–16 Uhr). Das hintere Gebäude auf der Insel ist das Herrenhaus von 1806, das im Stil des Klassizismus erbaut wurde. Es befindet sich in Privatbesitz und kann daher nicht besichtigt werden. An gleicher Stelle befand sich früher das Schloss der Rantzaus.

Von der Schlossinsel zum Rantzauer See und zum AKN-Bahnhof Barmstedt

km 21,5–23,5

Von der Schlossinsel kommend, führt die Fahrradroute rechter Hand am See weiter und über den Hofkoppelweg bis zum Kreisel.

Der **Rantzauer See** ist ein in den 1930er-Jahren künstlich angelegter Stausee des Flüsschens Krückau. Schon damals wollte man Tagestouristen in die Kleinstadt locken, seit 2011 ist Barmstedt ein anerkannter Erholungsort. Besonders an den Wochenenden herrscht Ferienstimmung rund um den See: Die Seepromenade, der Rhododendronpark sowie das angrenzende Waldgebiet laden zu Spaziergängen und Wanderungen ein. Ein Bootsverleih sowie das Strand- und Hallenwellenbad sorgen ebenfalls für Freizeitspaß.

Zum AKN-Bahnhof Barmstedt sind es von hier etwa 1,5 Kilometer. Es geht am Kreisel vorbei und rechter Hand in die Marktstraße. In gleicher Richtung über die Straße Am Markt und die Reichenstraße, von dort links ab in die Bahnhofstraße. Wir überqueren die Feldstraße und fahren weiter durch die Bahnhofstraße bis zum **AKN-Bahnhof Barmstedt.**

Billwerder – Bergedorf

7 Durch die Vier- und Marschlande zum Zollenspieker

Start	Ziel	Länge	Fahrzeit
S-Bhf. Mittlerer Landweg	S-Bhf. Bergedorf	35 km	3 Std.

Die Vier- und Marschlande sind Hamburgs Gemüse- und Blumengarten, denn zahlreiche Überschwemmungen des Elbe-Urstromlandes haben die Gegend zu einer fruchtbaren Region gemacht. Vor den südöstlichen Toren der Hansestadt beginnt eine andere Welt: Häuserreihen ziehen sich an den Deichstraßen entlang, Dove- und Gose-Elbe schlängeln sich malerisch durch die Landschaft. Es geht an Gewächshäusern und mit Gräben durchzogenen Wiesen vorbei. Mit etwas Glück kann man Reetdachdeckern bei der Arbeit zuschauen oder bekommt im Frühsommer Störche zu sehen. Und am Zollenspieker Hauptdeich gibt es wunderschöne Aussichten auf die Elbe.

Entwässerungsgräben durchziehen die Wiesen der Vier- und Marschlande

Infos zur Tour

Anfahrt
S-Bahnhof Mittlerer Landweg (S2/S21, alle 10–20 Min., 14 Min. ab Hamburg Hbf.)

Rückfahrt
S-Bahnhof Bergedorf (S2/S21, alle 10–20 Min., 20 Min. bis Hamburg Hbf.)

Variante
Mit der Elbfähre ab Zollenspieker (www.faehre-zollenspieker.de · Fährzeiten: 1. März–30. Nov. · alle 10 Min. · 2 €) nach Hoopte und weiter nach Winsen (▸ Tour 17) oder Lüneburg (▸ Tour 18)

Streckenverlauf
Billwerder – Freilichtmuseum Rieck Haus – Altengamme Riepenburger Mühle – Zollenspieker Fährhaus – Bergedorf

Streckencharakteristik
Leicht zu fahren, typische Vierlande-Landschaft, für historisch Interessierte mit Besichtigungsmöglichkeiten (Kirchen, Mühle).

Schwierigkeit
Leicht

Für Kinder
Eingeschränkt (die Deichstraßen am Anfang der Tour sind zwar verkehrsarm, jedoch schmal und ohne Radweg)

Beschilderung
Teilweise (bei Altengamme als Elberadweg, Radweg vom Zollenspieker Fährhaus bis Bergedorf)

Baden
See Hinterm Horn zwischen Allermöhe und Nettelnburg (ohne Badeaufsicht, für Kinder nur bedingt geeignet)

Einkehren
Zollenspieker Fährhaus
Sehr gute Küche, schöne Lage mit Sonnenterrasse und Blick auf die Elbe, dazu ein umfangreiches Angebot inklusive Frühstücksbuffet. In der Vierländer Stube kann man noch viel von der langen Vergangenheit des Gebäudes erkennen.
Zollenspieker Hauptdeich 141 · 21037 Hamburg · (0 40) 7 93 13 30 · www.zollenspieker-faehrhaus.de · Biergarten bei gutem Wetter ganztägig geöffnet

Riepenburger Mühlenladen & Café
Gemütliches Café-Restaurant im historischen Ambiente neben der Mühle mit einer großen Auswahl an Teesorten. Warme Küche ab 17 Uhr (außer So). Kleine Speisen im Mühlenladen.
Kirchwerder Mühlendamm 75a · 21037 Hamburg · (0 40) 73 50 73 95 · www.riepenburger-muehle.com · Do–Sa 14–21, So 12–19 Uhr

Hof Eggers in der Ohe
Lauschiges Hofcafé auf einem alten Hufnerhof, der Öko-Landwirtschaft betreibt. Wurst aus eigener Schlachtung und selbst gebackener Kuchen.
Kirchwerder Mühlendamm 5 · 21037 Hamburg-Kirchwerder · (0 40) 72 37 73 85 · www.hof-eggers.de · Mitte März–Anfang Okt. Sa 12–18, So ab 10 Uhr

km 0–12

Vom S-Bahnhof Mittlerer Landweg zum Rieck Haus

Vom S-Bahnhof Mittlerer Landweg geht es rechts in die gleichnamige Straße, die zunächst zu Gartenkolonien, dann durch ein Wohngebiet führt. Man folgt der Ausschilderung des Radwegs Richtung Allermöhe/Moorfleet durch die Unterführung, dann überquert man rechter Hand die Autobahnbrücke und fährt geradeaus auf den Allermöher Deich, vorbei an einer Wasserlandschaft. Bald kann man ein Naturidyll genießen: Die Deichstraße zieht sich an Wiesen vorbei, auf denen sich unzählige Enten tummeln, dahinter schmiegt sich die Dove-Elbe in die Landschaft. Linker Hand erscheint ein imposantes Kirchengebäude. Die **Dreieinigkeitskirche** ❶ *mit ihrem hölzernen Glockenturm stammt aus dem frühen 17. Jahrhundert. Wir biegen rechts auf die Kirchenbrücke ab, dann geht es links auf dem Vorderdeich weiter. Von der Deichstraße hat man eine herrliche Aussicht auf die umliegende Landschaft mit den weiten Wiesen, unterbrochen von kleinen Baumgruppen. Weiter Richtung Neuengamme/Allermöhe biegt man bei der* **Reitbrooker Mühle**, *einem sogenannten Galerieholländer aus dem 19. Jahrhundert, in den Neuengammer Hausdeich ein. An der nächsten Weggabelung geht es Richtung Kirchwerder/Neuengamme weiter und an der folgenden Kreuzung links auf den Curslacker Brückendamm. Nach der Brücke über die Dove-Elbe biegt man scharf rechts in den Weg Auf der Böge ein. Die ruhige Anliegerstraße bietet noch einmal schöne Impressionen vom Elbe-Nebenarm und endet am Curslacker Deich. Linker Hand ist man nach wenigen Metern am Vierländer Freilichtmuseum* **Rieck Haus** ❷ *angekommen.*

Das Rieck Haus gilt als das letzte noch erhaltene Beispiel einer frühen Form des Niederdeutschen Fachhallenhauses in den Vierlanden. Die Ursprungsteile des mehrfach umgebauten Hufnerhauses reichen bis ins Jahr 1533 zurück. Das Museum bietet Einblicke in die bäuerliche Lebensweise zu der Zeit, als Mensch und Nutztiere noch unter einem Dach lebten. Auffällig ist die kantige Mühle, die im Hof platziert ist. Mühlen wie diese dienten früher der Feldentwässerung. Da das Marschengebiet teilweise unter dem Elbwasserspiegel liegt, ist eine ständige Entwässerung notwendig. Vor der Mühle kann man noch eine Gewindeschnecke aus Holz sehen, die das Wasser aus den niedrig gelegenen Gräben in höher gelegene beförderte. Mit dem Bau von

Bergedorf
bei Hamburg
Börnsen
Fahrendorf
Wasserschloss
Histor. Bahnhof
Nettelnburg
Allermöhe
Dreieinigkeits-kirche
Mittlerer Landweg
Eichbaum
Eichbaum-see
Dove Elbe
Ochsen-werder
Marschbahn-damm
Allermöher Deich
Vorderdeich
Paddelboot-verleih
Auf der Böge
Curslacker Deich
Rieck Haus
Curslack
St. Johannis-Kirche
Neuen-gamme
Vierländer Eisenbahndamm
Landweg
Kirchwerder Landweg
Hitscherberg
NSG
Kirch-werder
Fünf-hausen
Hohe-deich
Warwisch
Hover See
Marschbahn-damm
Wraust
Fliegenberg
Hoopte
Lütjen-burg
Sande
Zollenspieker
Riepenburg
West-Krauel
Gose Elbe
Neuengammer Marschbahndamm
KZ-Gedenkstätte
Achter-deich
Altengamme
St. Nicolai-Kirche
Altengammer Hauptdeich
Marschbahndamm
Hauptdeich
Borghorst
Achterschlag
A 25
Museumsbahn (Bergedorf - Geesthacht)
B 5
B 207
B 404
Escheburg
NSG Besen-horster Sand-berge
Stove
Schwinde
Elbstorf
Drage
Laßrönne
Elbe
1000 m
N
1
2
3
4
5

Das Rieck Haus zeigt Vierländer Kultur, wie sie früher war

Entwässerungsgräben kamen die Mühlen endgültig außer Betrieb. Die Bockmühle des Rieck Hauses ist das letzte noch erhaltene Exemplar solcher Mühlen, die nach holländischem Vorbild im Einsatz waren (Curslacker Deich 284 · 21039 Hamburg · 1. März–31. Okt. Di–So 10–17 Uhr · 4 € / 2 €, bis 18 Jahre frei).

km 12–13,5

Vom Rieck Haus zur Kirche St. Johannis

Vom Rieck Haus kommend fährt man linker Hand weiter und radelt in den Ort **Curslack** 3 *zur* **Kirche St. Johannis**.

Die Kirche St. Johannis ist ein über 400 Jahre alter Fachwerkbau mit einem freistehenden hölzernen Glockenturm. Im 18. Jahrhundert wurde die Nordwand erneuert. Mit der Erweiterung des Kirchenschiffes durch ein Querhaus zu Beginn des 19. Jahrhunderts entstand eine der wenigen Kreuzkirchen im norddeutschen Raum. Im Inneren der Kirche findet sich ein figurenreicher Barockaltar aus dem Jahr 1688, der ursprünglich aus einer Harburger Kirche stammt (Curslacker Deich 142 · 21039 Hamburg · tagsüber geöffnet · Eingang gegenüber dem Glockenturm).

Von der Kirche St. Johannis zur Kirche St. Nicolai

km 13,5–18,5

In der Ortschaft überqueren wir den Curslacker Heerweg und fahren geradeaus. Die Häuser reihen sich an der Straße entlang, die Ortschaften Curslack und **Altengamme** *gehen fast unmerklich ineinander über. Auf dem Altengammer Hausdeich angekommen, biegen wir links in den Altengammer Marschbahndamm ab. Nun geht es etwa eineinhalb Kilometer auf dem Elberadweg weiter, vorbei an von Gräben durchzogenen Wiesen. Der Ausschilderung folgend, biegt man rechts in die kleine Straße Kirchenstegel ein, die zur Altengammer Kirche* **St. Nicolai** 4 *führt.*

Diese Kirche gilt als Schmuckstück des ländlichen Barockstils. An ihrer Südseite befinden sich zwei vorgesetzte Fachwerk-Eingangshäuser, die sogenannten „Brauthäuser“. Da der Mittelgang der Kirche zu schmal war, um die Braut zum Altar zu führen, sollten die kleinen Anbauten für Abhilfe sorgen. Die Kirche beherbergt die letzte noch erhaltene Glocke des 1804 abgerissenen Hamburger Mariendoms (Kirchenstegel 11 · 21039 Hamburg · im Sommer geöffnet von 9–18 Uhr · So/Fei um 10 Uhr Gottesdienst).

Von der Kirche St. Nicolai zur Riepenburger Mühle

km 18,5–25,5

Am Ende des Kirchenstegels mit seinen renovierten und schönen Fachwerkhäusern fährt man rechts in den Altengammer Elbdeich,

Storch in einer frisch gemähten Wiese auf Beutefang

dann ein kurzes Stück auf dem Altengammer Hauptdeich weiter. Von hier aus hat man eine schöne Sicht auf die Häuserreihe am Deich des gegenüberliegenden Elbufers. Anschließend geht es wieder rechts in den Altengammer Elbdeich, von wo aus wir links in den Neuengammer Marschbahndamm abbiegen. Vor uns drehen sich die Rotoren des **Windparks Neuengamme**. *Rechts ab in den Kiebitzdeich, dann links in den Neuengammer Heerweg, der in den Kirchwerder Mühlendamm übergeht. Bald ist die* **Riepenburger Mühle** *zu sehen.*

Der Galerieholländer ist die älteste und größte erhaltene Kornwindmühle auf Hamburger Gebiet. Das Mahlwerk ist noch funktionsfähig und wird bei Führungen gern anschaulich demonstriert – vorausgesetzt, der Wind bläst kräftig (Kirchwerder Mühlendamm 75a · 21037 Hamburg-Kirchwerder · www.riepenburger-muehle.com · Apr.–Okt. Di/Do 14–18 Uhr, 1. und 3. So im Monat 13–17 Uhr sowie nach Vereinbarung · Eintritt frei).

km 25,5–28 Von der Riepenburger Mühle zum Zollenspieker Fährhaus

Weiter geht es geradeaus bis zum Zollenspieker Hauptdeich. Wir biegen rechts ab, genießen die Aussicht auf die Elbe und gelangen zum **Zollenspieker Fährhaus** (5).

Das Zollenspieker Fährhaus – heute ein renommierter Gastronomiebetrieb mit einem Hotelneubau plus Wellnessbereich – befindet sich am südlichsten Punkt Hamburgs. Das denkmalgeschützte Gebäude, dessen älteste Teile bis ins 13. Jahrhundert zurückreichen sollen, diente früher als Zoll- und Fährstation. Auch heute startet von der Anlegestelle Zollenspieker eine Autofähre auf die niedersächsische Elbseite nach **Hoopte**. Das kleine Areal um den Fähranleger samt Imbissbude gleich nebenan hat sich zu einem beliebten Biker-Treffpunkt entwickelt. So kann man nicht nur das beschauliche Treiben des Fährverkehrs beobachten oder Lastkähnen nachschauen, die gemächlich die Elbe hinaufschippern. Mindestens ebenso faszinierend sind die Motorradfahrer und -fahrerinnen im Lederdress, die mit ihren schweren Maschinen lässig herancruisen.

Bei Autofahrern und Radwanderern beliebt: die Fähre am Zollenspieker

Vom Zollenspieker Fährhaus bis zum S-Bahnhof Bergedorf

km 28–35

Am Zollenspieker Hauptdeich biegen wir in den Kirchenheerweg ein, dann links in den Kirchwerder Elbdeich, anschließend rechts in den Weg Auf dem Sülzbrack. Von hier aus geht es geradeaus bis nach Bergedorf. Allerdings sollte man auf der gut zu fahrenden, schattigen Strecke nicht allzu sehr ins Träumen geraten, denn an einigen Stellen kreuzen Straßen den Radwanderweg. In **Curslack** *radelt man über die Odemannsbrücke. Nach der Gartenkolonie Pollhof endet der Weg recht unromantisch vor der Schallschutzmauer der A 25. Wir halten uns rechter Hand und fahren anschließend über die Autobahnbrücke. Gleich danach geht es links in den Brookdeich, der durch ein Wohngebiet führt. An dessen Ende angekommen, biegt man rechts in die Straße Neuer Weg ein. Von dort linker Hand in die Straße Am Pool und wieder rechts in die Vierlandenstraße, die in die Bergedorfer Altstadt führt (▸ Tour 8). Am Ende der Fußgängerzone geht es links über den Weidenbaumsweg zum S-Bahnhof* **Bergedorf**.

Bergedorf – Aumühle

8 An der Bille entlang zum Sachsenwald

Start	Ziel	Länge	Fahrzeit
S-Bhf. Bergedorf	S-Bhf. Aumühle	22 km	2,5 Std

Wer die Hansestadt in östlicher Richtung verlässt, kann Orte von höchst unterschiedlichem Charakter entdecken. Der alte Kern von Bergedorf – die erste Station der Route – verströmt die heimelige Atmosphäre einer Kleinstadt, mit Wasserschloss und Fachwerk ist er eine wahre Augenweide. Hinter den Stadtgrenzen Hamburgs beweist Reinbek gepflegten Vorortcharme. Aumühle mit seinen Villenvierteln wiederum wirkt abgeschieden und bürgerlich. Der Ortsteil Friedrichsruh ist bis heute geprägt von der Verbindung zur Fürstenfamilie Bismarck. Die abwechslungsreiche Tour führt zunächst durch das Billetal und anschließend durch eine Feldmark zum Sachsenwald.

Beherbergt das Museum für Bergedorf und die Vierlande: das Bergedorfer Schloss

Infos zur Tour

Anfahrt
S-Bahnhof Bergedorf (S2/S21, alle 10–20 Min., 20 Min. ab Hamburg Hbf.)

Rückfahrt
S-Bahnhof Aumühle (S21, alle 20 Min., 31 Min. bis Hamburg Hbf.)

Variante
Tour kombinierbar mit Tour 7

Streckenverlauf
Bergedorf – Reinbek – Aumühle – Friedrichsruh – Aumühle

Streckencharakteristik
Tour mit zahlreichen Sehenswürdigkeiten, gut befahrbare Wald- und Feldwege, in Ortschaften meist Radwege.

Schwierigkeit
Leicht bis mittel, mäßige Steigungen

Für Kinder
Ja

Beschilderung
Zur Orientierung dienen am Anfang der Tour die Bille und die Bahntrasse. Sehenswürdigkeiten sind gut ausgeschildert.

Naturfreibad Sachsenwald-Bad Tonteich
Am Tonteich 35 · 21521 Wohltorf · www.tonteichbad.de · Mitte Mai–Sep. tgl. 7–20 Uhr · 3,50 € / 2 €

Einkehren

Bringezu
Ideal für eine erste Pause auf der Tour ist das Restaurant und Café im Schloss Reinbek. In der warmen Jahreszeit lockt zudem die Terrasse mit Blick in den Schlossgarten. Einfallsreiche saisonale Küche sowie hausgemachte Kuchen, Torten und Eiscremes.
Schloßstraße 5 · 21465 Reinbek · (0 40) 73 09 30 30 · www.bringezu-schloss.de · Mi–Fr 10–21, Sa/So 12–23 Uhr

Hotel Restaurant Waldesruh am See
Traditionshaus in einem ehemaligen Jagdschloss. Kulinarischer Schwerpunkt liegt auf Produkten aus der Region, z. B. Wild aus dem Sachsenwald oder norddeutsche Tapas.
Am Mühlenteich 2 · 21521 Aumühle · (0 41 04) 30 46 oder 31 39 · www.waldesruh-am-see.de · Do–Mo 11–21.30 Uhr

Ristorante Hotel Villa Italia
Wer Pizza liebt, kommt im Villa Italia auf seine Kosten. Auf der Karte stehen rund zwanzig unterschiedliche Varianten, außerdem weitere Spezialitäten der italienischen Küche. Von der Terrasse aus hat man einen sehr schönen Blick über den Mühlenteich bis hin zur Bismarckmühle.
Am Mühlenteich 3 · 21521 Aumühle · (0 41 04) 9 78 80 · www.ristorante-italia.eatbu.com · Di–Sa 12–24, So/Fei 12–23 Uhr

km 0–0,5 Vom S-Bahnhof zum Bergedorfer Schloss

Über den Ausgang City geht es links in die Weidenbaumsallee, von dort rechts in die Fußgängerzone Alte Holstenstraße (mit Radspur).

Mit seiner charmanten Altstadt gibt sich **Bergedorf** 1 als Zentrum der Vier- und Marschlande zu erkennen. Der Blick fällt über den Schlossteich hinüber zu den roten Backsteingiebeln des **Bergedorfer Schlosses.** In der Fußgängerzone reihen sich mehrere historische Gebäude aneinander. Dazu gehört die Fachwerkkirche **St. Petri und Pauli,** deren Ursprünge sich bis 1162 rückdatieren lassen. Das angrenzende Organistenhaus stammt von 1630. Eine Gedenktafel erinnert an den berühmten Opernkomponisten und Hofkapellmeister Johann Adolf Hasse, der in dem Haus geboren wurde. Sehenswert ist auch der ehemalige Gasthof „Stadt Hamburg", der von bunten Schnitzornamenten verziert wird. Es lohnt sich, das Fahrrad durch den Schlosspark zu schieben und die Seele für einen Moment in der lauschigen Umgebung baumeln zu lassen. Über den Schloss-Innenhof gelangt man zum **Museum für Bergedorf und die Vierlande.** Es befasst sich mit der Geschichte der Region, außerdem werden Sonderausstellungen gezeigt (Bergedorfer Schlossstraße 4 · (0 40) 4 28 91 25 09 · Di–So 11–17 Uhr · 5 € / 3,50 € / unter 18 Jahren frei).

km 0,5–6 Vom Bergedorfer Schloss nach Reinbek

Wir verlassen den Schlosspark über die weiße Holzbrücke am Hans-Freese-Weg und biegen in den Fahrradweg des gegenüberliegenden Schillerufers ein. Der Weg führt rechter Hand an der Bergedorfer Mühle vorbei. Wir durchfahren eine Unterführung und biegen nach dem Zebrastreifen auf der Chrysanderstraße links in den Radweg ein. Er führt über eine Brücke, von der aus man einen schönen Blick über die Bille hat. Nach der Brücke folgen wir dem Lauf des Flusses, der sich sanft durch die Landschaft schlängelt. Nach etwa zwei Kilometern erreichen wir den **Krähenwald,** *einen bunten Mischwald, und halten uns rechts. Rechter Hand verläuft nun die Bahnlinie. Ab und an wird das Vogelzwitschern vom Rauschen der Züge unterbrochen, die hinter dem Baumdickicht nicht zu sehen sind. Wenn sich der Waldweg gabelt und die Bille vor uns hinter den Büschen hervorschimmert, fährt man den Weg linker Hand weiter. Bald kündigt sich das Ende des Waldes an – wir ha-*

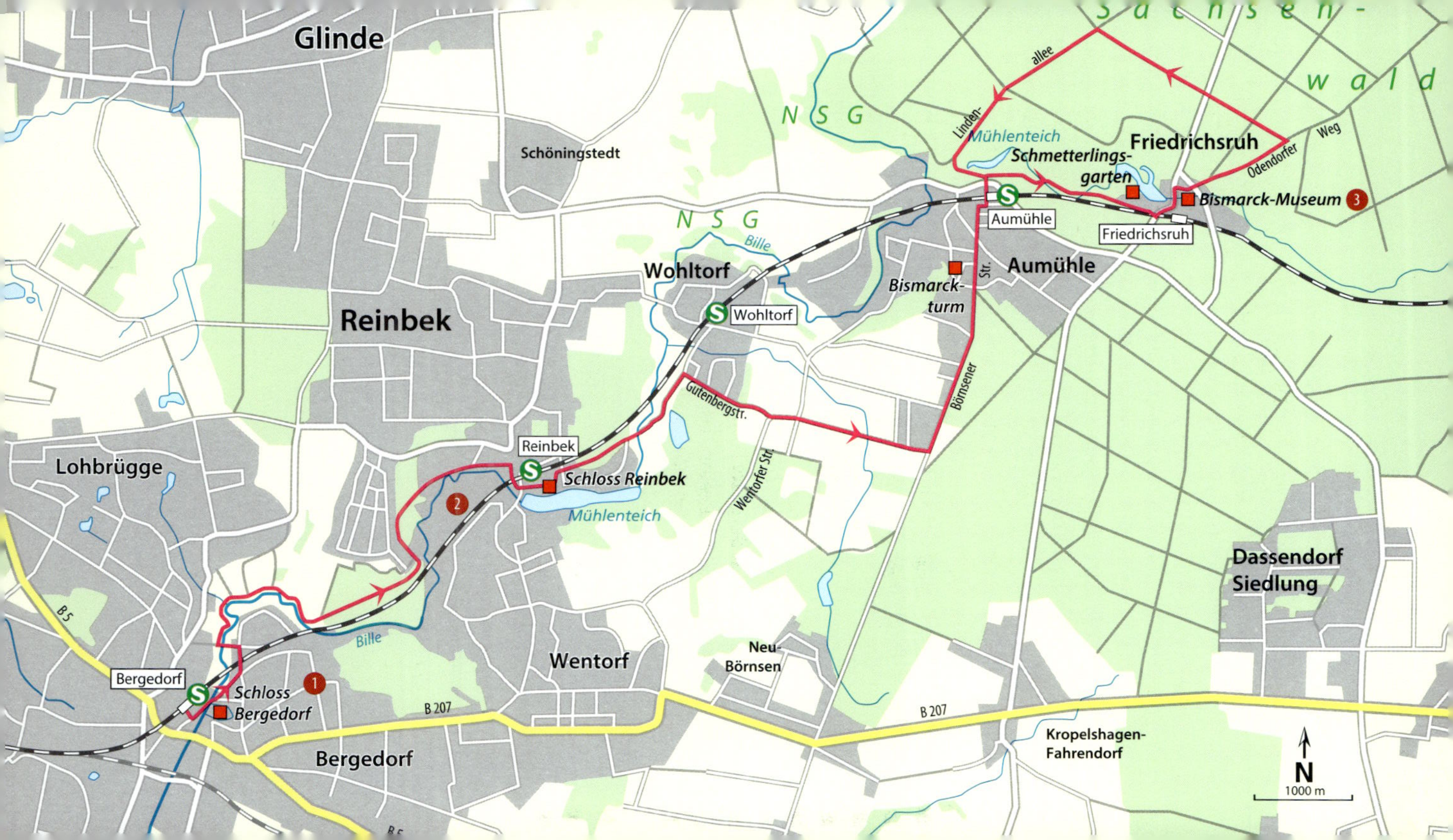

Glinde
Sachsenwald
NSG
Schöningstedt
Friedrichsruh
Lindenallee
Mühlenteich
Schmetterlingsgarten
Odendorfer Weg
Bismarck-Museum
3
Aumühle
Friedrichsruh
NSG
Bille
Wohltorf
Aumühle
Bismarckturm
Str.
Wohltorf
Reinbek
Börnsener
Gutenbergstr.
Reinbek
Lohbrügge
Schloss Reinbek
2
Mühlenteich
Wentorfer Str.
Dassendorf Siedlung
B5
Bille
Neu-Börnsen
Wentorf
Bergedorf
Schloss Bergedorf
1
B 207
B 207
Kropelshagen-Fahrendorf
Bergedorf
N
1000 m

ben **Reinbek** ❷ *erreicht. Sobald rechter Hand das erste Haus am Waldrand auftaucht, halten wir uns rechts, um gleich darauf links in den Weg Böge einzubiegen. Er führt an einer großen Wiese vorbei, dann durch Baumbestand und wird allmählich schmaler. Erscheint das Hinweisschild „Bille-Wanderweg", folgen wir der Markierung. Linker Hand erscheint ein ungewöhnlicher Bürokomplex, der zum Rowohlt-Verlag gehört. Wir umfahren ihn links und gelangen auf eine schmale Seitenstraße, in die wir rechts einbiegen. Von dort geht es wiederum rechts in die Bahnhofstraße, die in die Schlossstraße übergeht. Linker Hand befindet sich das* **Reinbeker Schloss.**

Herzog Adolf von Schleswig-Holstein-Gottorf ließ es Ende des 16. Jahrhunderts auf einem ehemaligen Klostergelände im Stil der niederländischen Renaissance errichten. Nach aufwendiger Restaurierung dient es heute als Kultur- und Veranstaltungszentrum (Schloßstraße 5 · Mi–So 10–17 Uhr · 3 € / 1,50 €). Reinbeks Entwicklung ist stark mit den landschaftlichen Reizen des Billetals verbunden, aber auch mit der 1847 fertiggestellten Eisenbahnstrecke zwischen Hamburg und Berlin. Bei der Hamburger Oberschicht entstand der Wunsch, im Grünen zu wohnen. Mit der Bahn konnte man bequem nach Hamburg pendeln. Vor diesem Hintergrund entstanden ab 1860 zwischen Bergedorf und Aumühle die ersten Villenkolonien.

km 6–15

Von Reinbek nach Aumühle

Vom Schloss Reinbek kommend setzen wir die Tour rechts der Bahngleise fort. Am Ende des Weges verlassen wir das Billetal und gelangen auf die Straße Am Tonteich, in die wir links einbiegen. Nach etwa 200 Metern geht es rechts in die Gutenbergstraße. Wir gelangen zur Wentorfer Straße, halten uns links und fahren geradeaus in den Perlbergweg, der durch eine schöne Feldmark mit Raps- und Getreidefeldern führt. An der Gabelung biegen wir nach links in den Börnsener Weg ein, am Waldrand und an Villen vorbei.

⇦

Abstecher Bismarckturm

Etwa 300 Meter nach dem Ortsschild Aumühle biegen wir für einen kurzen Abstecher zum **Bismarckturm** *links in die Sleener Straße ein.*

Das Reinbeker Schloss wurde im Stil der niederländischen Renaissance erbaut

Der kalkweiße Turm mit seiner zinnenbesetzten Aussichtsplattform misst 27 Meter. 1901 eingeweiht, diente er zunächst als Wasserturm für die Villenkolonie Hofriede, die ihn umgibt. Später beherbergte er das Bismarck-Museum. Heute wird der Turm von der Gemeinde Aumühle als Bibliothek und Archiv genutzt (Führungen nach Vereinbarung unter (0 41 04) 9 62 96 18 (erreichbar: Mo/Do 9–12Uhr)).

Von Aumühle zum Garten der Schmetterlinge

km 15–17

Wir setzen die Fahrt über die Börnsener Straße fort und gelangen über die Dora-Specht-Allee/Emil-Specht-Allee zum S-Bahnhof Aumühle. Über den Vorplatz fahren wir zur Alten Schulstraße und queren sie. Weiter in die Straße Am Mühlenteich, von der gleich rechts ein Weg abgeht, der an Pferdekoppeln vorbei nach Friedrichsruh zum **Garten der Schmetterlinge** *führt.*

Der Schmetterlingsgarten gilt als ältester Garten dieser Art in Deutschland. Eingebettet in eine idyllische Gartenanlage kann man in großen Glashäusern verschiedene Arten heimischer und

Idylle pur auf dem Weg zum Schmetterlingsgarten in Friedrichsruh

exotischer Falter bewundern und die Metamorphose von der Raupe zum Schmetterling beobachten (Am Schlossteich 8 · März–Okt. Di–So/Fei 10–18 Uhr · 8,50 € / 7,50 € / Kinder 4–16 Jahre 6 € / Familienkarte (2 Erwachsene plus bis zu 2 Kinder) 25 €).

Vom Schmetterlingsgarten zum Bismarck-Museum

km 17–17,5

Links am Parkplatz des Schmetterlingsgartens vorbei folgen wir der Beschilderung, die den Weg zum **Bismarck-Museum** ❸ *weist.*

Drei Hirschgeweihe am weißen Fachwerkhaus markieren den Eingang des Museums, das an den ehemaligen Reichskanzler erinnert. Nachdem Otto von Bismarck 1871 den Sachsenwald von Kaiser Wilhelm I. als Geschenk erhalten hatte, hielt er sich oft und gern in Friedrichruh auf. Auch Bismarck wusste die neuen Verkehrswege nach Berlin zu nutzen. Später wurde der Ort zu seinem Alterssitz und letzten Ruhestätte. Das Museum zeigt eine Sammlung aus persönlichen Erinnerungsstücken, Gemälden und Fotos. In einem der Räume ist das Arbeitszimmer des ehemaligen Reichskanzlers nachgestellt. Zu den kostbarsten Stücken zählt das Historienbild „Die Proklamierung des Deutschen Kaiserreiches", das Anton von Werner gemalt hat. Als Bildikone für jene Epoche ist das Gemälde in zahlreichen Geschichtsbüchern abgebildet. Aber auch skurril Anmutendes ist in der Sammlung zu finden:

etwa das Unterhemd, das Bismarck trug, als das erste Attentat auf ihn verübt wurde – samt dazugehörigem Revolver (Am Bahnhof 2 · Apr.–Ende Okt. Di–So 10–18 Uhr · 4 € / 3 € / unter 18 Jahre frei).

Vom Bismarck-Museum zurück nach Aumühle

km 17,5–22

Wir überqueren die Straße Am Sägewerk und halten uns links. Gleich rechts geht es in den Ödendorfer Weg. An der ersten Weggabelung biegen wir links ein, beim folgenden Waldweg wieder links. Der Weg führt geradewegs auf die Landstraße 208 zu, die den Sachsenwald durchschneidet. Nachdem man sie überquert hat, folgt man dem Hinweis Witzhaver Viert. An der nächsten Gabelung geht es links in die Lindenallee. Der breite Waldweg macht seinem Namen alle Ehre. Er endet nahe dem schön gelegenen Restaurant Fürst Bismarck Mühle, neben der ein kleiner Wasserfall plätschert. Es ist die Schwarze Au, ein Nebengewässer der Bille. Aus alten Urkunden geht hervor, dass bereits 1350 an dieser Stelle eine Mühle gestanden hat, die „Ovmole". So entstand die Ortsbezeichnung Aumühle. Am Mühlenteich vorbei geht es zurück zum **S-Bahnhof Aumühle.**

Vor Aumühle radelt man auf Feldwegen durchs Grüne

Ratzeburg – Mölln

9 Über Berkenthin in die Eulenspiegelstadt

Start	Ziel	Länge	Fahrzeit
Bhf. Ratzeburg	Bhf. Mölln	31 km	3 Std.

Rund sechzig Kilometer ist der Elbe-Lübeck-Kanal lang. Eröffnet im Jahr 1900, verbindet er die Ostsee über die in Lübeck fließende Trave mit der Elbe bei Lauenburg. Am Ratzeburger See startend, erreichen wir über eine sanft hügelige, einsame Landschaft Berkenthin. In dem idyllischen Ort in der Stecknitz-Region erinnern Sehenswürdigkeiten an die Geschichte der Alten Salzstraße. Von dort führt die traumhafte Strecke direkt am Elbe-Lübeck-Kanal entlang bis nach Mölln. Einen Abstecher in den historischen Teil der Eulenspiegelstadt mit seinem romantischen Flair sollte man sich nicht entgehen lassen.

Vom Ufer des Ratzeburger Sees hat man einen tollen Blick auf den Dom

Infos zur Tour

Anfahrt
Bahnhof Ratzeburg (RE 1 ab Hamburg Hbf., Umstieg in Büchen in den RB 83, ca. stdl., Fahrzeit etwa 60 Min.)

Rückfahrt
Bahnhof Mölln (RB 83 ab Mölln, Umstieg in Büchen in den RE 1, stdl., Fahrzeit ca. 60 Min.)

Variante
Tour kombinierbar mit Tour 11 und Tour 12

Streckenverlauf
Ratzeburg – Buchholz – Berkenthin – Mölln

Streckencharakteristik
Tour durch reizvolle und abwechslungsreiche, teilweise einsame Landschaften mit leichten bis mäßigen Steigungen. Unterschiedliche Wegqualität. 16 Kilometer langer, bequem zu fahrender Streckenabschnitt am Elbe-Lübeck-Kanal.

Schwierigkeit
Leicht bis mittel

Für Kinder
Ja

Beschilderung
Ja, mit Ausnahmen (Radweg Alte Salzstraße von Berkenthin nach Mölln; von Ratzeburg nach Buchholz lokale Beschilderung, streckenweise auch von Buchholz nach Berkenthin)

Picknicken
Besonders schöne Plätze in Berkenthin, direkt am Elbe-Lübeck-Kanal

Baden
Badestelle bei Buchholz im Ratzeburger See sowie in Mölln im Luisenbad am Schulsee (Eintritt frei)

Einkehren
Meier's Gasthof
Landgasthof mit großer Terrasse und freundlicher Bedienung unweit des Elbe-Lübeck-Kanals. Auf der Karte dominieren Fisch-Variationen, Fleischgerichte und saisonale Gerichte.
Am Schart 10 · 23919 Berkenthin ·
(0 45 44) 3 12 ·
www.meiers-gasthof.de ·
Mo/Di 11.30–15, Fr 17–20.30,
Sa/So 11.30–20.30 Uhr

Café Markt
Urgemütliches Café in einem historischen Bürgerhaus inmitten der Altstadtkulisse. Serviert werden neben Kuchen und Torten auch Salate, Suppen, vegetarische Spezialitäten und Herzhaftes.
Am Markt 3 · 23879 Mölln ·
(0 45 42) 8 65 69 ·
Mo, Mi–Fr 12–23, Sa/So/Fei 9–23 Uhr

Restaurant und Hotel Zum Weißen Ross
Restaurant mit Blick auf den Möllner Stadtsee. Gute, regional ausgerichtete Küche.
Hauptstraße 131 · 23879 Mölln ·
(0 45 42) 27 72 ·
www.zum-weissen-ross.net ·
Di–Sa 12–15 und 18–22, So 12–15 Uhr

km 0–7 Vom Bahnhof Ratzeburg Richtung Buchholz

Am Bahnhof **Ratzeburg** *biegt man rechts in die Bahnhofsallee ab, nach etwa einem Kilometer geht es links ab in die Lübecker Straße (Sehenswürdigkeiten in Ratzeburg* ▸ *Seite 80–83)**. Von dort geht es rechts in den Forst auf einen gut befahrbaren Waldweg.*

An der ersten Weggabelung folgt man der Ausschilderung nach Buchholz und biegt links ab. Anschließend geht es ein Stück bergab (mit Bedacht fahren!). Der Weg führt am meist bewaldeten Ufer des Großen Ratzeburger Sees entlang, weiter bis zum Gelände des Buchholzer Segelvereins sowie der Seebrücke, von der aus man einen Blick über den See werfen kann.

km 7–14,5 Von Buchholz nach Berkenthin

Kurz darauf verlassen wir den Weg am Seeufer und fahren die Straße Fuchsberg hinauf, anschließend geht es links in die Dorfstraße.

In der Mitte von **Buchholz** 1 *biegen wir rechts in den Schulweg ab. Nach der Unterführung quert man die Bahntrasse und fährt geradeaus auf dem asphaltierten Weg weiter, der in eine idyllische Feldmark führt. Nach etwa einem Kilometer geht der Weg in einen Grasweg über, der zwischen Getreidefeldern hindurchführt und schließlich einen Rechtsknick macht.*

Vor uns liegt Klein Disnack. Nachdem man an den wenigen Häusern des Ortes vorbeigefahren ist, folgen noch einmal etwa 500 Meter auf einem mit Gras bewachsenen Weg, der nicht optimal, aber akzeptabel zu fahren ist und in einen Waldweg übergeht.

Wir durchradeln den Forst bis zur Weggabelung und folgen der Ausschilderung rechts nach Groß Disnack. Nach etwa 200 Metern kommt man an eine Weggabelung, an der ein einzelnes Backsteinhaus steht. Wir biegen links ein. Nach etwa 500 Metern folgen wir der Ausschilderung nach Berkenthin und biegen rechts ab.

Es folgt der letzte Abschnitt auf dieser menschenleeren Wegstrecke. Etwa eineinhalb Kilometer vor Berkenthin beginnt ein asphaltierter Weg. Wir erreichen den Ort über die Straße Kökenbarg, biegen rechts in die Ratzeburger Straße ein, die wir am besten noch vor

N
1000 m
Klempau
Rondes-
hagen
Gr. Disnack
Pogeez
Ratzeburger See
B 207
Buchholz
Maria-
Magdalenen-
Kirche
Kl. Disnack
Mechower
See
Bäk
Mechow
Römnitz
erkendorf
. Berkenthin)
Kulpin
B 208
Behlendorfer
See
St. Georgs-
berg
Insel-
stadt
Ratzeburg
Dermin
Behlendorf
Ratzeburg
Küchen-
see
B 208
Ankerscher
See
Neulankau
Schmilau
Lankau
B 207
Elbe-Lübeck-Kanal
Lankauer
See
Schaalsee-
kanal
Draisinenstrecke
Kogel
St. Nicolai-
Kirche
Eulenspiegelmuseum
Nikolaiturm
Sterley
Alt-Mölln
Mölln
Brunsmark
Brunsmarker
Neuhorst
Mölln
Uttauer
See
Tannen
Breitenfelde

Auf dem ehemaligen Treidelpfad am Kanal lässt es sich bestens radeln

der Kurve überqueren, um gleich links in die Kirchenstraße hineinzufahren.

Nach wenigen Metern erreicht man die frühgotische **Maria-Magdalenen-Kirche** *in* **Berkenthin.**

Sie hat schöne mittelalterliche Wandmalereien und eine Maria-Magdalenen-Statue aus dem 15. Jahrhundert. Auch ein Taufengel aus dem 18. Jahrhundert macht das Innere der Kirche sehenswert (www.kirche-berkenthin.de · im Sommer von 9–16 Uhr geöffnet).

Gleich nach der Kirche führt ein Rad- und Fußweg rechts ab bis zur Fußgängerbrücke, von der aus man eine schöne Sicht auf den **Elbe-Lübeck-Kanal** *bis zur* **Berkenthiner Schleuse** 2 *hat.*

⇨ Abstecher zur Maria Magdalena und zum Kanal-Hering

Wer mag, kann nach der Brücke zunächst nach rechts abbiegen und am Kanal entlangfahren, um zwei weitere Sehenswürdigkeiten des lauschigen Ortes in Augenschein zu nehmen: Zwischen Fußgängerbrücke und Schleuse befinden sich die **Maria Magdalena**, *die Rekonstruktion eines mittelalterlichen Salz-Prahms, sowie die Skulptur* **Kanal-Hering.**

Der Kanal-Hering symbolisiert die historische Vergangenheit Berkenthins. Wo heute der Elbe-Lübeck-Kanal fließt, befand sich einst der Stecknitzkanal. Nördlich von Mölln wurde das Salz, das auf Karren aus Lüneburg herantransportiert wurde, auf Kähne umgeladen und nach Lübeck gebracht. Das „weiße Gold" war damals so wertvoll, weil es die einzige Möglichkeit bot, Fleisch, Fisch und andere Lebensmittel haltbar zu machen. Mit langen Tauen wurden die Boote vom sumpfigen Pfad aus über den windungsreichen Kanal gezogen. Die harte Arbeit verrichteten wahlweise Menschen, Ochsen oder Pferde. Auf dem Rückweg brachten die Boote oft salzige Heringe mit. Die Maria Magdalena, die im Sommer am Westufer des Elbe-Lübeck-Kanals liegt, ist die Rekonstruktion eines mittelalterlichen Stecknitz-Prahms, also jenes Bootstyps, mit dem das Salz transportiert wurde.

Von Berkenthin zum Bahnhof Mölln

km 14,5–31

Wieder zurück an der Fußgängerbrücke radeln wir rechter Hand des Kanals bis nach Mölln, wo der Elbe-Lübeck-Kanal im Ziegelsee verschwindet, um anschließend wieder Kontur anzunehmen. Vor der Brücke, die über den Kanal führt, schieben wir das Rad den Uferweg hoch und biegen links auf die Straße Vorkamp ein, die über den Kanal führt. Um zum Bahnhof zu gelangen, fährt man die Straße Eichholzberg weiter geradeaus und biegt links in den Grambeker Weg ab. Der **Bahnhof Mölln** *befindet sich linker Hand.*

Abstecher in die Möllner Altstadt

Um die Möllner Altstadt zu erkunden, fährt man weiter die Hauptstraße entlang und biegt schließlich links ab in die Marktstraße (wegen der Kopfsteingassen den Abstecher am besten zu Fuß nehmen).

Mölln 3, im Jahr 1188 erstmals urkundlich erwähnt, konnte schon früh von seiner verkehrsgünstigen Lage profitieren. Die Alte Salzstraße traf hier auf weitere Wege, die nach Osten führten. Im mittelalterlichen Stadtkern befinden sich zahlreiche Sehenswürdigkeiten nah beieinander.

In dem schmucken Fachwerkhaus Marktstraße 14 etwa befand sich einst eine Apotheke, in der kein geringerer als Samuel Hahnemann, der Begründer der Homöopathie, um 1800 lebte. Die Straße endet auf dem „Markt“, einem lauschigen Kopfsteinpflasterplatz. Gleich linker Hand befindet sich im historischen Rathaus von 1373 mit seinem wunderschönen Stufengiebel die stadtgeschichtliche Sammlung des **Möllner Museums.** Sie widmet sich unter anderem dem Alltagsleben zwischen 1750 und 1850 (Am Markt 12 · (0 45 42) 83 54 62 · Mai–Aug. Mo–Fr 10–18, Sa/So/Fei 10–16 Uhr, Sep.–Apr. Mo–Fr 10–17, Sa/So/Fei 10–15.30 Uhr · 2,50 € / Kinder 6–14 Jahre 1 € / Familienkarte bis 4 Personen 5 €).

Nur wenige Schritte weiter befindet sich der **Eulenspiegelbrunnen.** Die Bronze-Figur wurde von dem Möllner Bildhauer Karlheinz Goedtke erschaffen. Gleich dahinter erhebt sich die **St.-Nicolai-Kirche.** Bis 1250 erbaut und im 15. Jahrhundert erweitert, beherbergt sie eine Reihe von Kunstschätzen und üppige Wand- und Deckenmalereien (Am Markt 10 · Di–Sa 11–17, So 14–17 Uhr).

Auf der gegenüberliegenden Seite des Platzes befindet sich das **Eulenspiegelmuseum** in einem restaurierten Fachwerkhaus von

Mölln hat einen wunderschönen mittelalterlichen Stadtkern zu bieten

Der Schalk Till Eulenspiegel ist in Mölln allgegenwärtig

1582. Hier dreht sich natürlich alles um die berühmte Narrenfigur, die 1350 in Mölln gestorben sein soll. Als Dauerausstellung zeigt das Museum die Entwicklung Till Eulenspiegels von der einstigen literarischen bis zur modernen Figur in den Kinderbüchern heutiger Tage (Am Markt 2 · (0 45 42) 83 54 62 · www.moellner-museum.de/eulenspiegel-museum.html · Mai–Okt. Mo–Fr 10–13 und 14–17, Sa/So 11–17 Uhr, Nov.–Apr. Mo–Fr 14–16, Sa/So 11–13 und 14–16 Uhr · 2,50 € / Kinder 6–14 Jahre 1 € / Familienkarte bis 4 Personen 5 €).

Weitere Zeugnisse der Möllner Vergangenheit erreicht man, wenn man die Marktstraße bis zur Hauptstraße zu Ende geht und diese überquert. Man kommt zu einem Ensemble renovierter Häuser, die sich in direkter Seelage um den Stadthauptmannshof herum gruppieren. Dazu gehört das **Stadthauptmannshaus** von 1414. Das Gebäude stammt aus der Zeit, in der die lauenburgischen Herzöge die Stadt an Lübeck verpfändet hatten. Lübeck wiederum baute Mölln zur „Festung an der Salzstraße" aus. Zum Baudenkmal gehören außerdem das ehemalige Schulhaus von 1860, das Fachwerkreihenhaus von 1820 und das sogenannte Medaillongebäude, das aus dem Jahr 1550 stammt.

Ratzeburg – Mölln

10 Durch den Naturpark Lauenburger Seenlandschaft

Start	Ziel	Länge	Fahrzeit
Bhf. Ratzeburg	Bhf. Mölln	37 km	4 Std.

Die Lauenburger Seenlandschaft ist der älteste Naturpark Schleswig-Holsteins. Neben zahlreichen Gewässern prägen ausgedehnte Waldgebiete die Hügellandschaft. Die Städte Ratzeburg und Mölln sind gleich von mehreren Gewässern mit schönen Badestellen umgeben. Einplanen sollte man einen Abstecher in den historischen Kern von Ratzeburg: Auf der Stadtinsel warten interessante Museen und Kulturdenkmäler darauf, entdeckt zu werden. Allen voran der Dom aus dem 12. Jahrhundert, der schon bei der Fahrt zur Stadt über dem Großen Ratzeburger See sichtbar ist. Die Route führt am idyllisch gelegenen Salemer See vorbei und durch bäuerlich geprägte Orte wie Kehrsen.

In Ratzeburg ist Wasser das bestimmende Element

Infos zur Tour

Anfahrt
Bahnhof Ratzeburg (RE 1 ab Hamburg Hbf., Umstieg in Büchen in den RE 83, stdl., ca. 60 Min. Fahrzeit)

Rückfahrt
Bahnhof Mölln (RB 83 ab Mölln, Umstieg in Büchen in den RE 1, stdl., Fahrzeit etwa 60 Min.)

Variante
Tour kombinierbar mit Tour 11

Streckenverlauf
Ratzeburg – Salem – Seedorf – Mölln

Streckencharakteristik
Durch reizvolle Seen- und Naturlandschaft mit vielen Badegelegenheiten. Mäßige bis mittlere Steigungen, auf befestigten Wirtschaftswegen, gut befahrbaren Waldwegen und verkehrsarmen Straßen. Abschnitte mit Kopfsteinpflaster in Mölln und Ratzeburg.

Schwierigkeit
Mittel

Für Kinder
Ja

Beschilderung
Ja

Baden
Strandbad Ratzeburg (Schlosswiese 3, Großer Ratzeburger See)
Küchensee (am Hallenschwimmbad Aqua Siwa)
Salemer See Promenade (Seestraße)
Mölln – Lütauer See (Rolandseck)
Luisenbad (Am Schulsee)

Schifffahrten
Schiffahrt Ratzeburger See
Schlosswiese 6 · 23909 Ratzeburg · (0 45 41) 79 00 · www.schiffahrt-ratzeburg.de

Einkehren
Landlust am See
Terrasse oder Glasfront im Innenbereich bieten hervorragende Aussicht auf den Salemer See. Modernes Styling, mediterran inspirierte Küche.
Seestraße 44 · 23911 Salem · (0 45 41) 8 78 06 88 · www.landlust-am-see.de · tgl. ab 11.30 Uhr

Hofcafé und Hofladen Kaiser's
Einladend und gemütlich, mit viel Platz im Garten. Mittagstisch von 12–14.30 Uhr, frische Torten und Kuchen.
Seestraße 58 · 23911 Salem · (0 45 41) 84 04 41 · www.kaiserhof-salem.de · tgl. 8–18 Uhr

Restaurant und Hotel Waldhalle
Stilvolles Haus in traumhafter Lage mit Blick auf den Schmalsee. Regional und international ausgerichtete, gehobene Küche. Kuchen und Torten aus hauseigener Konditorei.
Waldhallenweg · 23879 Mölln · (0 45 42) 8 58 80 · www.waldhalle.info · tgl. 12–22 Uhr

km 0–2

Vom Bahnhof Ratzeburg bis zum Küchensee

Den **Bahnhof Ratzeburg** *verlässt man rechter Hand und fährt über die Bahnhofsallee Richtung Innenstadt. Anschließend weiter über den Lüneburger Damm. Noch vor der Stadtinsel biegt man rechter Hand ab in die Promenade am Küchensee.*

Der besondere Reiz Ratzeburgs entsteht durch die Lage an vier Seen: Der langgestreckte Ratzeburger See, der Küchensee, der Stadtsee und der Domsee umarmen den historischen Stadtkern, der nur über Dämme zu erreichen ist. Urkundlich erstmals 1062 erwähnt, erhielt Ratzeburg 1261 Stadtrechte. Nachdem die Stadt Ende des 17. Jahrhunderts durch die Dänen zerstört worden war, wurde sie nach einem barocken Muster neu errichtet.

⇨ Abstecher auf die Stadtinsel

Die Sehenswürdigkeiten Ratzeburgs lassen sich wunderbar bei einer kleinen Rundtour über die **Stadtinsel** ❶ *erkunden. Dazu fährt man vom Lüneburger Damm kommend zunächst in die Straße Unter den Linden, dann weiter geradeaus in die Herrenstraße (oder besser man schiebt das Rad – es geht bergauf!). Biegt man rechts in die Barlachstraße ab, kommt man zum* **Barlach Museum.**

Ernst Barlach (1870–1938) verlebte einen Teil seiner Kindheit und Jugend in Ratzeburg. Die Ausstellung im „Alten Vaterhaus" – so nannte der Bildhauer das 1840 erbaute Wohnhaus, das heute dem Museum Raum bietet – gibt einen Überblick über die Stationen seiner künstlerischen Entwicklung (Barlachplatz 3 · 23909 Ratzeburg · (0 45 41) 37 89 · www.ernst-barlach.de/ratzeburg · Di–So 11–17 Uhr · 8 € / 6 €). Gleich nebenan befindet sich die **Stadtkirche St. Petri,** eine klassizistische Querschiffkirche von 1791.

Wir verlassen den Barlachplatz linker Hand und gelangen zum Platz Am Markt. Dominiert wird der Platz vom **Alten Kreishaus,** das Anfang des 18. Jahrhunderts entstanden ist. In dem Gebäude ist heute unter anderem das Stadtarchiv untergebracht.

Vom Platz Am Markt geht es weiter in die Domstraße. Die erste Sehenswürdigkeit auf dem Weg zum Ratzeburger Dom ist das

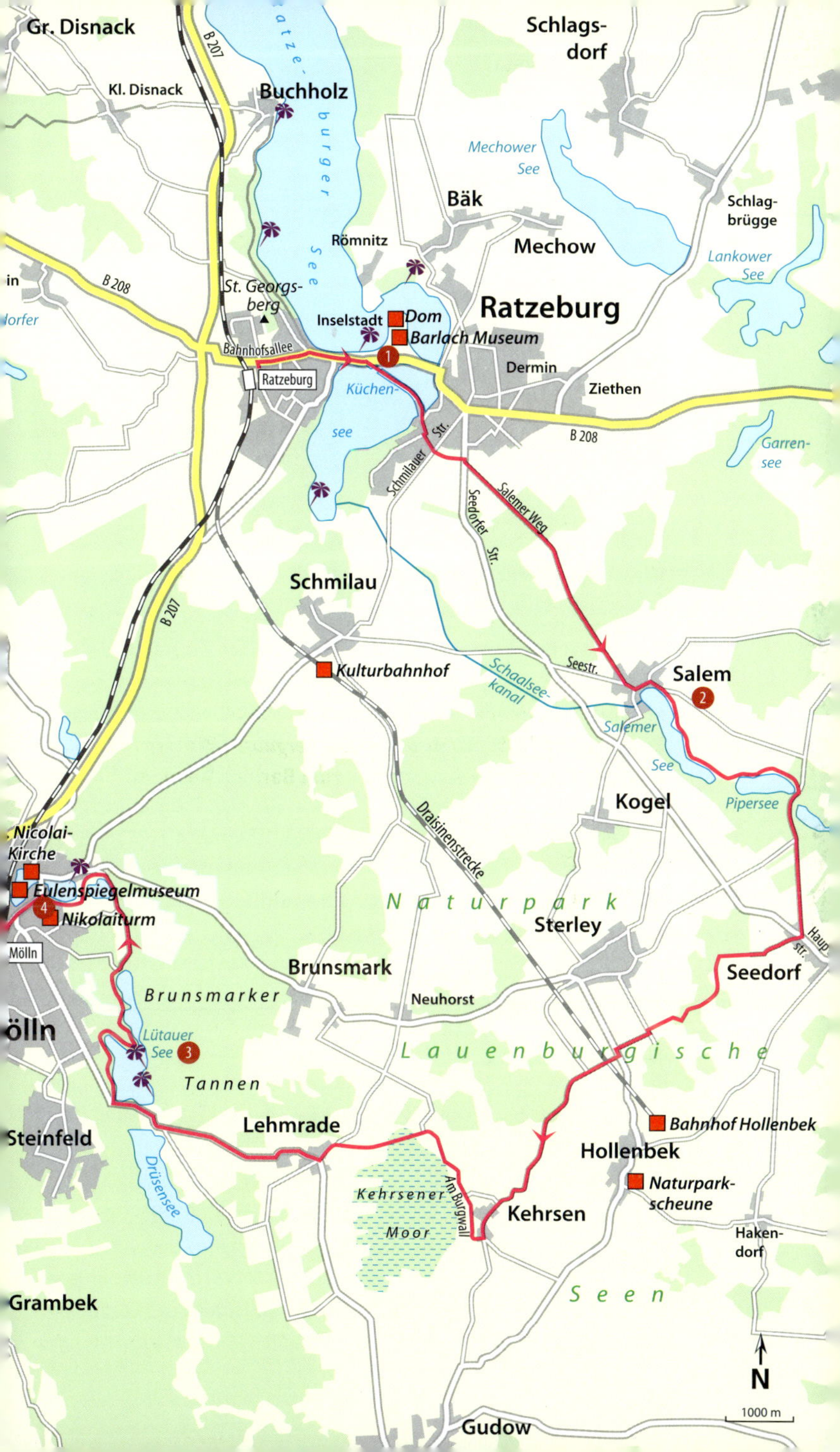
Gr. Disnack
Schlagsdorf
Kl. Disnack
Buchholz
Ratzeburger See
B 207
Mechower See
Bäk
Schlagbrügge
Römnitz
Mechow
Lankower See
B 208
St. Georgsberg
Ratzeburg
Inselstadt
Dom
Barlach Museum
Bahnhofsallee
Dermin
Ziethen
Ratzeburg
Küchensee
Schmilauer Str.
B 208
Garrensee
Salemer Weg
Seedorfer Str.
Schmilau
Kulturbahnhof
Seestr.
Schaalseekanal
Salem
Salemer See
Kogel
Pipersee
Nicolai-Kirche
Draisinenstrecke
Eulenspiegelmuseum
Nikolaiturm
Naturpark
Sterley
Mölln
Brunsmark
Seedorf
Brunsmarker
Neuhorst
Lütauer See
Tannen
Lauenburgische
Steinfeld
Lehmrade
Bahnhof Hollenbek
Hollenbek
Kehrsener Moor
Am Burgwall
Kehrsen
Naturparkscheune
Drüsensee
Hakendorf
Grambek
Seen
N
1000 m
Gudow

Imposantes Bauwerk der Inselstadt: der Ratzeburger Dom

A. Paul Weber-Museum, ein zweigeschossiger Walmdachbau aus dem 17. Jahrhundert, der später mit einer klassizistischen Fassade ausgestattet wurde. Das Museum präsentiert eine beachtliche Zahl an Arbeiten aus dem umfangreichen Werk des satirischen und gesellschaftskritischen Lithografen, Zeichners und Malers. Darunter befinden sich auch Arbeiten, die sich früh mit der Zerstörung der Umwelt auseinandersetzten (Domhof 5 · 23909 Ratzeburg · (0 45 41) 86 07 20 · www.weber-museum.de · tgl. (außer Mo) 10–13 und 14–17 Uhr · 3 € / 1 € / Familienkarte 6 €).

Nur wenige Meter weiter befindet sich das **Kreismuseum Herzogtum Lauenburg.** Zu den Exponaten gehört eine Apotheke aus dem 19. Jahrhundert, antikes Spielzeug und eine Sammlung von Telefonen. Kleinod des 1766 erbauten Herrenhauses ist der erhalten gebliebene Rokoko-Saal (Domhof 12 · 23909 Ratzeburg · (0 45 41) 8 60 70 · www.kmrz.de · tgl. (außer Mo) 10–13 und 14–17 Uhr · 3 € / 1 € / Familienkarte 6 €).

Herzstück der Stadtinsel ist der **Ratzeburger Dom.** Die romanische Backsteinbasilika wurde im 12. Jahrhundert vom Welfen-Herzog Heinrich dem Löwen (1129–1195) in Auftrag gegeben. Zu den besonderen Kunstschätzen im Innern des Doms zählt das mittelalterliche Chorgestühl. Rechter Hand neben dem Dom führt ein Weg zum Kreuzgang und in den Klosterinnenhof. Dort befindet sich die von Ernst Barlach geschaffene Bronzefigur „Bettler auf Krücken“.

Wir halten uns rechts und fahren über die Straße Domhof, dann rechts ab in die Kleine Kreuzstraße. Über den Karl-Adam-Weg und Barlachblick, am Ratzeburger See entlang, geht es zurück über den Lüneburger Damm bis zur Ampel vor dem Seehotel. Anschließend biegt man links ab in Richtung Seepromenade.

Vom Küchensee bis zum Salemer See

km 2–9

Am Ende der Promenade führt die Route über den Kleinbahndamm, dann mit einer Steigung durch ein kleines Waldstück über den Waldesruher Weg. An dessen Ende geht es links über die Brücke, anschließend rechts in den Eichenweg. Wir queren die Schmilauer Straße, halten uns links und biegen gleich rechts in die Danziger Straße ein. Man überquert die Seedorfer Straße (L 203), hält sich rechter Hand und biegt links in den Salemer Weg ab. Er führt am Ruschensee am Rande des Naturschutzgebiets Salemer Moor vorbei. Nach zwei Kilometern hat man **Salem** ❷ *fast erreicht. Über den Dorotheenhofer Weg gelangt man an die Seestraße (K 1) und biegt links ab. In der Nähe der Kirche gibt es rechter Hand einen Zugang zur Badestelle am idyllisch gelegenen* **Salemer See.**

Die Seenlandschaft lädt zu vielfältigen Freizeitaktivitäten ein

km 9–28,5 Vom Salemer See zum Lütauer See

Wir umradeln den See linker Hand, am Gelände des Campingplatzes vorbei. Anschließend geht es am bewaldeten Ufer des Pipersees entlang. Am Ende dieses Weges gelangt man an die Straße Sterleyer Heide (K 69) und biegt rechts ab nach **Seedorf.** *Wenn man dort auf die Hauptstraße (K 78) stößt, quert man diese, hält sich rechts und biegt anschließend links in den Radwanderweg nach* **Kehrsen** *ein. Auf dieser Wegstrecke muss man die L 204 überqueren, hält sich links und biegt anschließend gleich wieder rechts auf einen asphaltierten Weg ein. In Kehrsen biegt man am Ortsausgang rechts in die Straße Am Burgwall ab und gelangt über eine wenig befahrene Straße ohne Radweg nach* **Lehmrade.** *Zuerst geht es links ab auf die Oldenburger Straße, anschließend rechts in die Bahnhofstraße. Wenn der Weg schmaler wird und ins Grüne führt, fährt man geradeaus weiter. Der Weg verläuft parallel zur L 287 und endet am Campingplatz* **Lütauer See** 3. *Ab hier muss man neben der lauten Landstraße weiterfahren, bis man nach etwa 800 Metern in den Uferweg entlang des Lütauer Sees einbiegen kann.*

Ein Hauch von Mittelalter: der historische Marktplatz in Mölln

Der Lütauer See ist Teil der Möllner Seenplatte, die aus insgesamt sieben miteinander verbundenen Seen besteht. Auf unserer Route radeln wir außerdem am Schmalsee, Hegesee sowie am Schulsee entlang.

Vom Lütauer See zum Kurpark Mölln

km 28,5–36

Die Tour führt weiter am Seeufer entlang. Nachdem man die Badestelle Rolandseck passiert hat, kommt man zum **Schmalsee** *mit seinem hohen bewaldeten Ufer. Wenn das Wasser nur flussbreit fließt, geht es rechter Hand über die kleine Brücke und linker Hand weiter über die wenig befahrene Straße Pinnautal. Weiter geradeaus über die Straße Am Hegesee am gleichnamigen See vorbei. Man stößt auf die L 218 und hält sich links. Bei der nächsten Möglichkeit verlassen wir die laute Straße und biegen links in den Weg Am Schulsee ab, wo sich das* **Luisenbad** *befindet. Parallel zum Ufer des Schulsees radeln wir bis zu dem Weg Auf den Dämmen, der am Mühlenbach entlangführt, und biegen rechts ein. Bald kommt man zum Kurpark, der hinter dem Bach einen Eingang hat.*

Der **Kurpark Mölln** 4 wurde in den 1960er-Jahren nach Plänen des Hamburger Gartenarchitekten Gustav Lüttge entworfen. Schon Ende des 19. Jahrhunderts entdeckte man eine eisenhaltige Quelle in der Stadt, 1970 wurde Mölln als Kneippkurort anerkannt. Der 40 000 Quadratmeter große Park – eines der wenigen Gartenwerke der Nachkriegsmoderne – steht seit 2007 unter Denkmalschutz. Neben Themengärten, einem Rosengarten und Wasserspielen widmen sich mehrere Gärten der Kneippschen Lehre. Und – wen wundert es – auch im Kurpark findet sich der Schalk Till Eulenspiegel wieder.

Vom Kurpark zum Bahnhof Mölln

km 36–37

Wir radeln weiter bis zum Mühlenplatz, halten uns rechts, queren die Straße und schieben das Rad über die kopfsteingepflasterte Marktstraße bis zum Platz Am Markt (Sehenswürdigkeiten in Mölln ▸ *Seite 75–77**). Von dort weiter geradeaus über die Marktstraße, anschließend rechts in die Hauptstraße, die in den Grambeker Weg übergeht, wo sich rechter Hand der* **Bahnhof Mölln** *befindet.*

Mölln – Büchen

11 Dörfliche Idylle an der Alten Salzstraße

Start	Ziel	Länge	Fahrzeit
Bhf. Mölln	Bhf. Büchen	24 km	2 Std.

Auf dieser Etappe an der Alten Salzstraße kann man wunderbar abschalten und entschleunigen. Zunächst geht es gemütlich am Elbe-Lübeck-Kanal entlang, auf dem Hobbykapitäne vorbeischippern. „Fuhrmann hol röber!“, heißt es in Siebeneichen. Mit der Seilzugfähre wird man auf die andere Kanalseite gebracht. Durch die ruhigen Orte Fitzen und Büchen-Dorf führt die Tour weiter nach Büchen. Mit dem Bau der Eisenbahnlinien von Hamburg nach Berlin und von Lübeck nach Büchen wurde der ehemalige Grenzort Mitte des 19. Jahrhunderts zu einem wichtigen Verkehrsknotenpunkt. Vom jüngst modernisierten Bahnhof aus tritt man entspannt die Heimreise an.

Bei Siebeneichen bringt die Seilzugfähre Radwanderer an das andere Ufer

Infos zur Tour

Anfahrt
Bahnhof Mölln (RE 1 bis Büchen, Umsteigen in die RB 83, ca. stdl., Fahrzeit etwa 60 Min. ab Hamburg Hbf.)

Rückfahrt
Bahnhof Büchen (RE 1, ca. stdl., 30–35 Min. bis Hamburg Hbf.)

Variante
Kombinierbar mit Tour 12.
Weitere Alternative: Außerhalb der Fahrzeiten der Fähre in Siebeneichen radelt man 4,8 Kilometer weiter am Kanal entlang, vor der Straßenbrücke geht es rechts ab auf die Gudower Straße, von dort rechter Hand weiter wie beschrieben zum Bahnhof Büchen.

Streckenverlauf
Mölln – Güster – Siebeneichen – Fitzen – Büchen-Dorf – Büchen

Streckencharakteristik
Leicht zu fahrender Streckenabschnitt am Elbe-Lübeck-Kanal, durch verkehrsarme Dörfer, kurze Abschnitte auf Radwegen entlang der Landstraße mit geringem Verkehrsaufkommen; in Fitzen teilweise Kopfsteinpflaster bzw. sandiger Seitenstreifen neben der Straße.

Schwierigkeit
Leicht

Für Kinder
Ja

Beschilderung
Ja, als Alte Salzstraße, Radfernweg Hamburg-Rügen sowie lokale Ausschilderungen

Baden
Badeinsel „Blaue Lagune"
Am Moorweg 50 · 21514 Güster · (0 41 58) 82 02 und 80 55 · 2 € / 0,50 €

Badestelle Freizeitwelt Güster
Am Prüßsee 34 · 21514 Güster · (0 41 58) 4 97 · www.freizeitwelt-guester.de · 3 € / 2 €

Einkehren
Das gastronomische Angebot auf dieser Tour ist begrenzt, daher sicherheitshalber ausreichend Proviant mitnehmen!

Seepavillon Güster
Schöne Terrasse mit Seeblick. Angeboten werden Steaks und Salate, Wildgulasch, Matjes & Co.
Am Prüßsee 34 · 21514 Güster · (0 41 58) 88 11 21 · www.restaurant-seepavillon-guester.com · Hauptsaison tgl. 12–22 Uhr

Restaurant und Bistro Blaue Lagune
Direkt am Prüßsee auf schwimmenden Pontons gelegen. Angefangen bei Salaten, Pasta und Currywurst bis hin zu Steak und Fisch ist für jeden etwas dabei.
Campingplatz Badeinsel am Prüßsee · Am Moorweg 50 · 21514 Güster · (0 41 58) 82 02 und 80 55 · Di–So ab 12 Uhr

km 0–1 Vom Bahnhof Mölln bis an den Elbe-Lübeck-Kanal

Man verlässt den Bahnhof rechter Hand und fährt über den Grambeker Weg, dann über Eichholzberg und Vorkamp an der L 257 entlang bis zur Brücke über den Elbe-Lübeck-Kanal. Hinter der Brücke kann man das Fahrrad an das Kanalufer schieben, biegt nach links und radelt auf der rechten Seite des Flusses weiter bis **Güster** ❶.

km 1–11 Am Elbe-Lübeck-Kanal entlang bis Güster

Etwa einen Kilometer nach der Ortschaft führt ein beschilderter Weg zur **Freizeitwelt Güster** *und an den Prüßsee.*

Während des Baus des Elbe-Lübeck-Kanals wurden hier große Kiesvorkommen entdeckt. Diese wurden abgebaut und für viele Bauprojekte in Norddeutschland genutzt – so auch für Teile der Hamburger Innenstadt. Heute ist das Gelände eine Seenlandschaft mit Buchten, Inseln und zwei Sandstränden, lediglich durch ein Wäldchen vom Elbe-Lübeck-Kanal getrennt. Rund um den so entstandenen rund 127 Hektar großen Prüßsee bietet die Freizeitwelt Güster ein Eldorado für Campingfreunde mit vielfältigen Freizeitmöglichkeiten, Jachthafen und Gastronomie.

km 11–17 Von Güster bis zur Fähre Siebeneichen

Weiter geht es am Kanal bis zur Fähre Siebeneichen, mit der man am Wochenende auf die andere Kanalseite übersetzen kann. Unter der Woche, wenn der Fährverkehr ruht, folgt man alternativ dem Kanalverlauf weiter bis Büchen.

Die **Seilzugfähre Siebeneichen** ist die einzige Fähre über den Elbe-Lübeck-Kanal und existiert seit dessen Bau im Jahr 1900. Wer als Wanderer die Uferseite wechseln möchte, wird vom freundlichen Fährmann mit einem Ruderboot über den Kanal gebracht (21514 Fitzen · (0 41 55) 8 00 90 · www.faehre-siebeneichen.de · Apr.–Anfang Okt. Sa/So/Fei 10–18 Uhr · Spende erbeten).

⇨ Abstecher nach Siebeneichen

Das Dorf Siebeneichen ❷ *ist einen Abstecher wert. Oberhalb des Kanals an einem Hang gelegen, hat es einen wunderschönen Dorfplatz mit Eichen, um den sich Bauernhöfe gruppieren. An der Fähre biegt man rechts ab, im Ort geht es links weiter Richtung Kirche.*

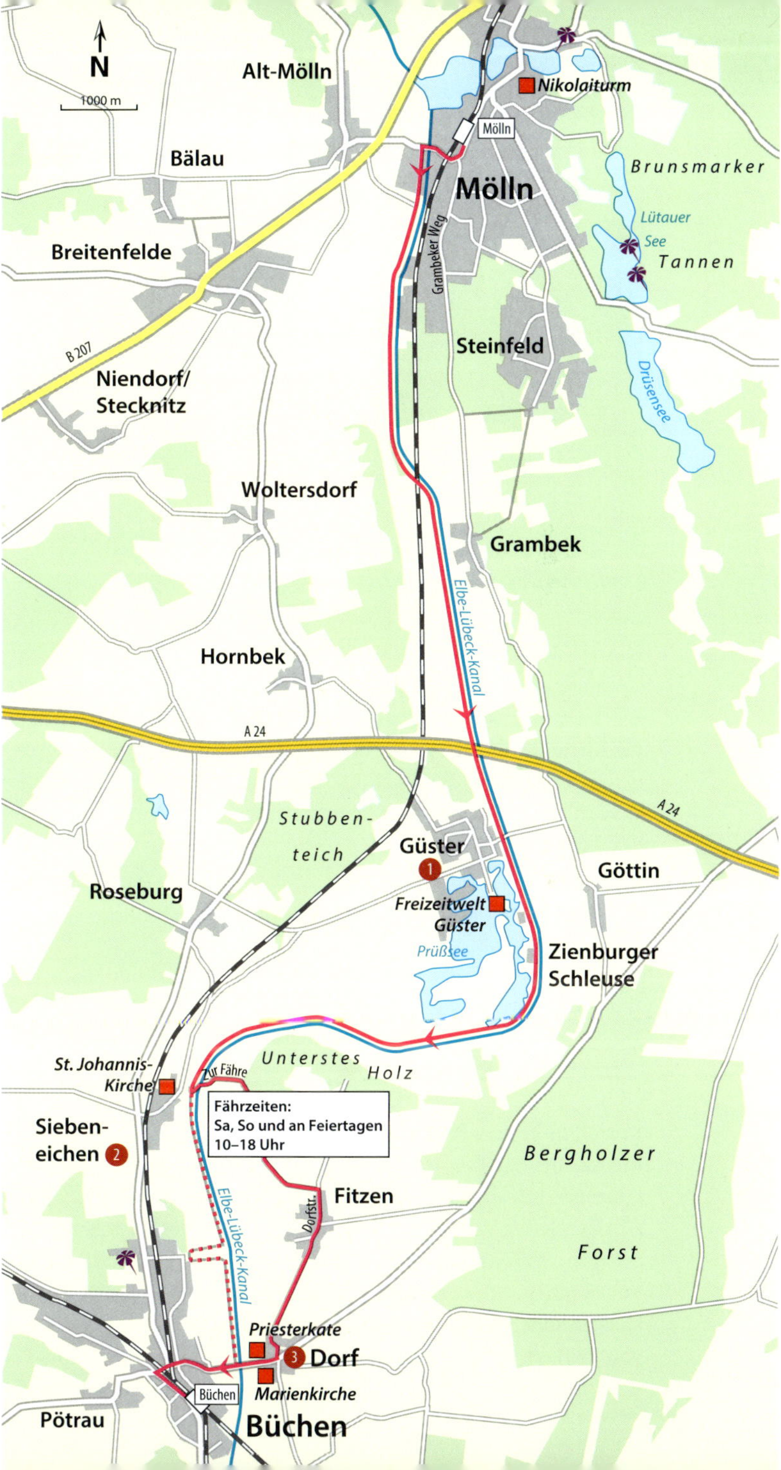
N
1000 m
Alt-Mölln
Nikolaiturm
Mölln
Bälau
Mölln
Brunsmarker
Lütauer
See
Tannen
Breitenfelde
Grambeker Weg
B 207
Steinfeld
Niendorf/
Stecknitz
Drüsensee
Woltersdorf
Grambek
Elbe-Lübeck-Kanal
Hornbek
A 24
A 24
Stubben-
teich
Güster
1
Göttin
Roseburg
Freizeitwelt
Güster
Prüßsee
Zienburger
Schleuse
Unterstes
Holz
St. Johannis-
Kirche
Zur Fähre
Fährzeiten:
Sa, So und an Feiertagen
10–18 Uhr
Sieben-
eichen
2
Bergholzer
Fitzen
Dorfstr.
Elbe-Lübeck-Kanal
Forst
Priesterkate
3
Dorf
Marienkirche
Büchen
Pötrau
Büchen

Immer am Wasser entlang: der Elbe-Lübeck-Kanal hinter Güster

Die **St.-Johannis-Kirche zu Siebeneichen** wurde 1753 als Feldsteinbau errichtet. Auch Siebeneichen profitierte vom Bau des Stecknitz-Delvenau-Kanals. Wie in vielen Ortschaften entlang der historischen Wasserstraße ist auch in Siebeneichen das besondere Kirchgestühl der Stecknitzfahrer noch erhalten. Zwei Bänke sind mit ihrem Erkennungszeichen, ein mit einem Bootshaken gekreuzter Staken, markiert.

km 17–22

Von der Fähre Siebeneichen bis Büchen-Dorf

Auf der anderen Uferseite führt ein betonierter Weg an Pferdekoppeln, Kuhweiden und Äckern vorbei. Man bleibt auf dem Weg Zur Fähre und biegt in dem idyllischen Dorf **Fitzen** *rechts in die Dorfstraße ab. In der Mitte des Ortes führt linker Hand der Büchener Weg bis* **Büchen-Dorf** 3.

Mittelpunkt von **Büchen-Dorf** ist die um 1200 erbaute **Marienkirche.** Bis zur Reformation galt die Kirche lange Zeit als Wallfahrtsort. Ein angeblich wundertätiges Marienbild, das im Dreißigjährigen Krieg verloren gegangen ist, sollte Heilung bei Krankheit bringen. Weil immer mehr Wallfahrer kamen, erhielt die Kirche im 15. Jahrhundert einen Anbau im spätgotischen Stil. Viele der Deckenmalereien im Inneren stammen wahrscheinlich noch aus dem frühen 14. Jahrhundert (Gudower Straße/Ecke Schwanheider

Weg · 21514 Büchen-Dorf). Gleich gegenüber der Kirche befindet sich das Alte Pastorat, auch **Priesterkate** genannt. Der reetgedeckte Fachhallenbau stammt von 1649. Er wurde nicht nur als Wohn- und Amtssitz genutzt, sondern auch zu landwirtschaftlichen Zwecken. Heute finden dort vielfältige Veranstaltungen statt. Da Büchen vor der Wiedervereinigung direkt an der deutsch-deutschen Grenze lag, erinnert eine Dauerausstellung an die Grenzbefestigungen. Dargestellt wird zudem die Geschichte des Delvenau-Stecknitz-Kanals. Jeden 1. und 2. Sonntag im Monat sowie an den Feiertagen (außer an den Oster- und an den Weihnachtsfeiertagen) ist das Café in der Priesterkate von 13 bis 18 Uhr geöffnet. Serviert werden hausgemachte Torten und Kuchen (Gudower Straße 1 · 21514 Büchen · (0 41 55) 61 14).

Von Büchen-Dorf bis zum Bahnhof Büchen — km 22–24

Weiter geht es auf dem Radweg neben der Gudower Straße (L 205) Richtung **Büchen.** *Am Ortseingang links ab in die Theodor-Körner-Straße, dann links in die Bahnhofstraße. Der Zugang zum Bahnhof Büchen befindet sich rechter Hand.*

Das Dorf Fitzen prägen Kopfsteinpflaster und Rotklinker-Bauernhöfe

Büchen – Lüneburg

12 Vom Elbe-Lübeck-Kanal an den Elbe-Seitenkanal

Start	Ziel	Länge	Fahrzeit
Bhf. Büchen	Bhf. Lüneburg	40 km	4 Std.

Nach einem bequem zu fahrenden Abschnitt am Elbe-Lübeck-Kanal lädt die lauschige Schifferstadt Lauenburg zu einem Rundgang durch die Altstadt ein. Doch vorher sollte man sich einen Abstecher zum Schloss und zu den Fürstengärten nicht entgehen lassen, um die grandiose Aussicht vom Hochufer der Elbe aus zu genießen. Auf der niedersächsischen Seite führt die Route durch das schöne Dorf Echem. Vorbei an weiten Wiesen und Ackerflächen erreicht man den Elbe-Seitenkanal. Er verbindet die Elbe mit dem Mittellandkanal. Technikfans können das Schiffshebewerk Scharnebeck bestaunen, bevor es zum Kloster Lüne, dem letzten Highlight auf dieser Tour, weitergeht.

Der Elbe-Lübeck-Kanal ist rund 62 Kilometer lang

Infos zur Tour

Anfahrt
Bahnhof Büchen (RE 1, ca. stdl., 30–35 Min. ab Hamburg Hbf.)

Rückfahrt
Bahnhof Lüneburg (RE 3/RB 31, 2x stdl., 35–50 Min. bis Hamburg Hbf.)

Varianten
Kombinierbar mit Tour 18.
Abkürzung: Rückfahrt ab Lauenburg oder Echem

Streckenverlauf
Büchen – Lauenburg – Echem – Schiffshebewerk Scharnebeck – Lüneburg

Streckencharakteristik
Kurze Streckenabschnitte an straßenbegleitenden Radwegen, sonst auf asphaltierten Wegen sowie direkt an den Kanälen. 500 Meter Steigung vor Lauenburg, in der Unterstadt Lauenburgs vorrangig Kopfsteinpflaster.

Schwierigkeit
Leicht bis mittel

Für Kinder
Ja, Tour kann abgekürzt werden!

Beschilderung
Ja, von Büchen bis Lauenburg als Radfernweg Hamburg–Rügen, vom Elbe-Seitenkanal bis Lüneburg als Radweg Alte Salzstraße, lokale Ausschilderungen

Einkehren
Hotel-Restaurant „Zum Alten Schifferhaus"
Bei Radwanderern beliebte Gaststätte mit großer Elbterrasse. Deutsche, saisonal ausgerichtete Küche sowie Fischgerichte. Große Portionen!
Elbstraße 114 · 21481 Lauenburg · (0 41 53) 5 86 50 · www.schifferhaus.de · Jan.–März Mo–Do 17–23, Fr/Sa/So/Fei 11–23 Uhr, Apr. tgl. 11–23 Uhr, Mai–Sep. tgl. 10–23.30 Uhr, Okt.–Dez. tgl. 11–23 Uhr

Café im Kloster
Café in einem historischen Klosterraum mit Terrasse. Neben Kaffee und Kuchen werden herzhafte Gerichte serviert.
Kloster Lüne · Am Domänenhof · 21335 Lüneburg · (0 41 31) 24 98 92 · www.cafe-im-kloster.de · März–Ende Okt. Mi–So 10–18 Uhr

Schröders Garten
Wunderbar entspannen lässt es sich mit Kind und Kegel im lauschigen Biergarten direkt an der Ilmenau in Bahnhofsnähe. Idealer Platz für das Alsterwasser nach der Tour!
Vor dem Roten Tore 72a · 21335 Lüneburg · (0 41 31) 2 84 49 03 · https://schroedersgarten.de · Mo–Fr 15–23, Sa 12–1, So 15–23 Uhr

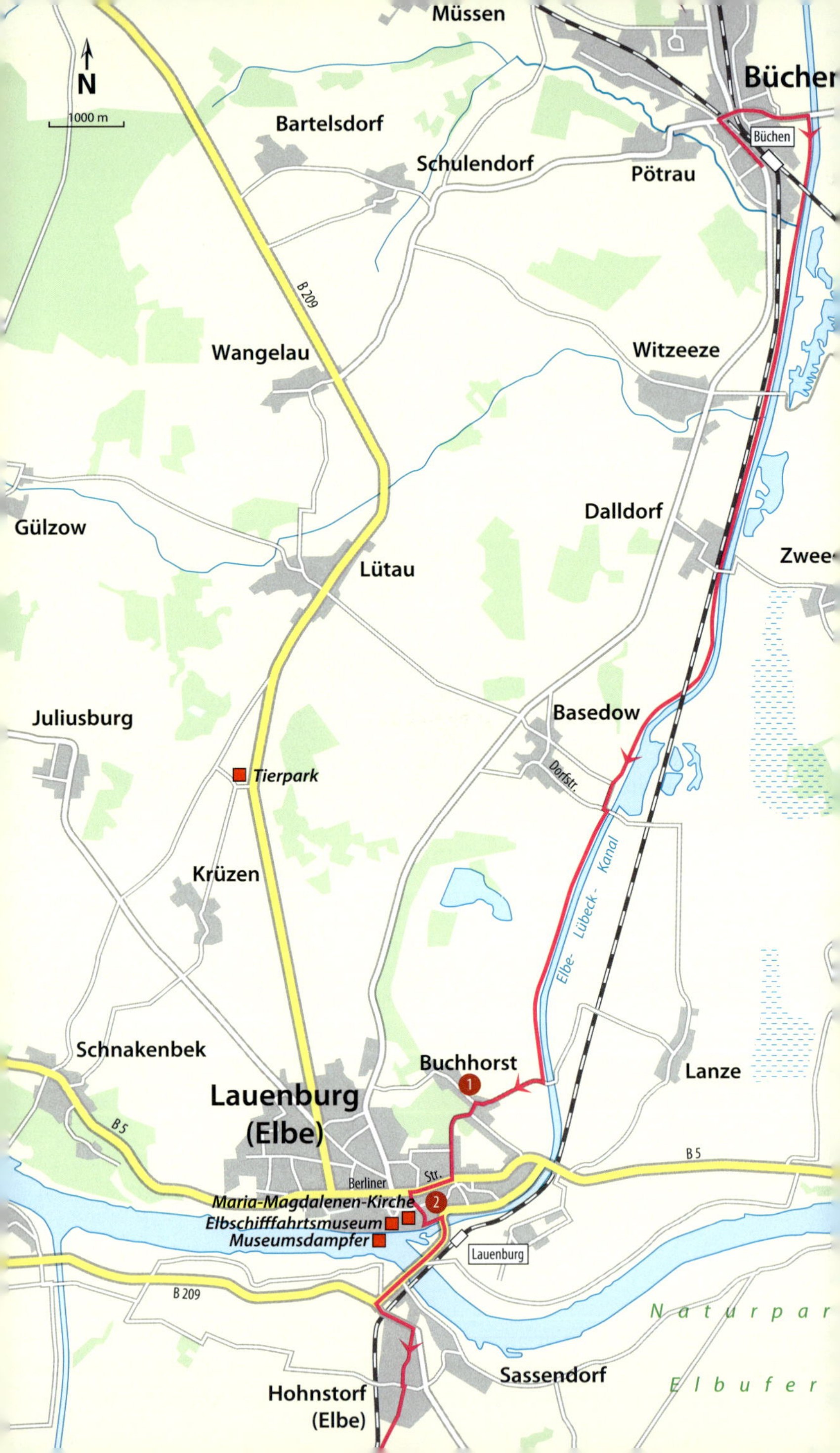

N
1000 m
Müssen
Büchen
Büchen
Bartelsdorf
Schulendorf
Pötrau
B 209
Wangelau
Witzeeze
Gülzow
Dalldorf
Lütau
Zwee
Basedow
Juliusburg
Dorfstr.
Tierpark
Krüzen
Elbe- Lübeck- Kanal
Schnakenbek
Buchhorst
1
Lanze
Lauenburg (Elbe)
B 5
B 5
Berliner Str.
Maria-Magdalenen-Kirche
2
Elbschifffahrtsmuseum
Museumsdampfer
Lauenburg
B 209
Naturpar
Elbufer
Sassendorf
Hohnstorf (Elbe)

Hohnstorf (Elbe)
B 209
Reihersee
Echem
3
Redderweg
Birkenweg
Schulstr.
Brietlingen
Elbe-Seitenkanal
Moorburg
Scharnebeck
Schiffshebewerk
4
Rullstorf
Adendorf
Buchholzheide
B 209
Landstr.
Erbstorfer
Moorfeld
Ebensberg
Lüne
5
Lüneburg
Neu-Hagen
Bilmer Strauch
Lüneburg
B 209/B 4
Barendorf
Wilschenbruch
Hagen
Wendisch Evern
N
1000 m

km 0–16

Vom Bahnhof Büchen nach Lauenburg

Wir verlassen den Bahnhof **Büchen** *über den Ausgang Bahnhofstraße, in die wir links einbiegen. Anschließend rechts ab in die Theodor-Körner-Straße, die zur L 205 führt. Vor* **Büchen-Dorf** *biegen wir links in den ausgeschilderten Weg ab, um nach etwa 100 Metern zum Elbe-Lübeck-Kanal zu gelangen. Wir radeln rechter Hand weiter. Nach 13 Kilometern verlassen wir den Kanal nach der Brücke und biegen links auf den Wirtschaftsweg ab. Über den Lanzer Weg gelangt man nach* **Buchhorst** ❶*, dort geht es links in die Dorfstraße. Nach etwa 150 Metern geht es rechts ab in den Weg Brunsenberg. Es folgen rund 500 Meter mit Steigung durch einen Wald. Oben angekommen, radeln wir über den Heideweg durch die Wohnsiedlung bis zur Berliner Straße, in die man rechts einbiegt. Die nächste Kreuzung queren wir linker Hand.*

⇨ Abstecher zum Lauenburger Schloss

Von dort fährt man weiter in die Straße Fürstengarten und gelangt über die Straße Amtsplatz weiter zum Schloss.

Von der ehemaligen Schlossanlage ist lediglich ein Flügel erhalten geblieben, der heute die Stadtverwaltung beherbergt. Zu besichtigen ist jedoch der **Schlossturm** von 1477. Neben dem Schloss befindet sich ein Aussichtspunkt, der sogenannte **Askanierblick**. Vom Hochufer der Elbe aus genießt man eine herrliche Sicht über das Elbtal bis nach Niedersachsen. Unweit des Schlosses befindet sich der ursprünglich um 1590 angelegte **Fürstengarten**.

Auf der gegenüberliegenden Straßenseite angekommen, geht es einige Meter in entgegengesetzter Richtung an der Berliner Straße weiter. Dann biegt man in den Großen Sandberg ab, um sich in die Unterstadt **Lauenburgs** ❷ *hinabrollen zu lassen.*

⇨ Abstecher in die Lauenburger Altstadt

Augenweide der alten Schiffer- und Handwerkerstadt Lauenburg ist die **Elbstraße,** in der sich schmucke Fachwerkhäuser aneinanderreihen. Als ältestes Bürgerhaus Lauenburgs gilt das **Mensingsche Haus** von 1573 (Elbstraße 49). Im ehemaligen Rathaus in der Elbstraße 59 befindet sich das **Elbschifffahrtsmuseum.** Die Ausstellung stellt die Entwicklung der Schifffahrt auf der Elbe sowie die damit verbundenen Arbeits- und Lebensbedingungen interaktiv dar (Elbstraße 59 · 21481 Lauenburg · www.elbschiffahrts-museum.de · März–Okt. Mo–Fr 10–18, Sa/So/Fei 10–17 Uhr · 5 € / 4 €). In unmittelbarer Nähe befindet sich die **Maria-Magdalenen-Kirche.** Sie wurde 1227 ursprünglich als Kapelle errichtet und im Laufe der Jahrhunderte vielfach umgebaut. Die Kunstschätze im Inneren der Kirche stammen aus dem 15. bis 17. Jahrhundert, Lauenburgs Blütezeit (Kirchplatz · 21481 Lauenburg).

Zu den Sehenswürdigkeiten Lauenburgs gehört nicht zuletzt der mehr als hundert Jahre alte **Museumsraddampfer Kaiser Wilhelm,** der in der warmen Jahreszeit zu nostalgischen Fahrten ablegt. Bei jeder Fahrt ist eine mindestens zehnköpfige Crew ehrenamtlich im Einsatz (Preise und Fahrpläne unter: raddampfer-kaiser-wilhelm.de/Fahrplan.html).

Von Lauenburg zum Schiffshebewerk Scharnebeck

km 16–31,5

Am Ende des Großen Sandbergs links ab in die Bahnhofstraße und über die Elbbrücke (B 209). Wir fahren an der Bundesstraße weiter, bis zur Abzweigung nach Bleckede/Hittbergen und anschließend weiter nach Hohnstorf. Dort biegt man rechts in den Triftweg ab. Er stößt auf den Sandhagen und setzt sich linker Hand fort. Wenn die Straße bei einer 30er-Zone endet (Ober-Savo-Ring), verlassen wir das Wohnviertel und biegen rechts in den asphaltierten Weg ab, der uns durch die Felder führt. Nach knapp eineinhalb Kilometern haben wir die Kreisstraße erreicht, die wir überqueren. Es geht rechts weiter in das Dorf **Echem** 3. *Nachdem wir die Bahngleise überquert haben, biegen wir links in die Bäckerstraße ab und anschließend rechts in die Dorfstraße. An ihrem Ende geht es links ab und bei der nächsten Gelegenheit rechts in die Straße Uhlenbusch, die uns durch die Feldmark bis zur Kreisstraße führt. Auf der gegenüberliegenden Seite weiter Richtung Fischhausen. Der Weg führt über den Elbe-*

Schwimmendes Museum: Raddampfer Kaiser Wilhelm

Kloster Lüne ist heute ein evangelisches Damenstift

Seitenkanal. Man lässt sich von der Brücke, von der aus man eine schöne Aussicht auf den Kanal hat, herunterrollen und biegt kurz darauf links ab. Es geht durch die weite Feldmark, bis der Weg wieder parallel zum Deich verläuft, auf dem man weiterfahren kann. Man erkennt bereits das **Schiffshebewerk Scharnebeck** 4*, auf das wir nun zuradeln.*

Das 1974 erbaute Schiffshebewerk sorgt dafür, dass Schiffe eine Höhe von 38 Metern überwinden können. Es funktioniert praktisch wie ein Fahrstuhl: Die Schiffe fahren in einen von zwei Trögen, deren Zahngetriebe mit Elektromotoren angetrieben werden, ein. Beide Tröge arbeiten unabhängig voneinander und werden vollautomatisch im Einmannbetrieb gesteuert. Rund 15 Minuten dauert es, bis ein Schiff eingefahren ist, angehoben oder gesenkt wurde und seine Fahrt fortsetzen kann. Über 21 000 Schiffe passieren das Hebewerk jährlich.

km 31,5–39

Vom Schiffshebewerk Scharnebeck zum Kloster Lüne

Wenn man die Scharnebecker Straße überquert hat, um die Route rechtsseitig am Kanal fortzusetzen, kann man bald darauf linker Hand die Stufen zu einer Aussichtsplattform erklimmen. Bei klarer Sicht reicht der Blick bis zur Elbe. Beim Sicherheitstor Erbstorf biegen wir rechter Hand in die gleichnamige Ortschaft ab. Ein asphal-

tierter Weg führt zur Erbstorfer Landstraße, die wir überqueren. Auf der gegenüberliegenden Seite weiter in die Dorfstraße. Bevor diese eine Kurve macht, wechselt man die Straßenseite und biegt linker Hand in den Grüner-Jäger-Weg ein, der durch eine schöne Feldmark führt. Nach dem Bahnübergang geht es links ab in die Straße Schwarzer Weg. Wir halten uns links, um vor dem Landgasthof in ein Waldstück zu fahren. Die als Lüneburger Waldtour gut ausgeschilderte kurze Etappe führt bald über die B 4. Nachdem man anschließend im Wald eine kleine Holzbrücke überquert hat, geht es rechter Hand weiter bis man zu einer asphaltierten Stelle kommt. Dort halten wir uns links. Kurz darauf überquert man die Erbstorfer Landstraße und fährt gegenüber in den Lüner Weg. Anschließend biegt man rechts in die Straße Am Domänenhof ein, die zum **Kloster Lüne** 5 *führt.*

Das ehemalige Benediktinerinnenkloster und heutige Damenstift wurde 1172 gegründet. Nach einem Großbrand baute man es 1380 im Stil der Backsteingotik neu auf. Bis zu 90 Nonnen lebten hier im Mittelalter. Besonders beeindruckend sind die beiden Schlaftrakte, von denen einer aus dem 15. Jahrhundert stammt. Die Klosterkirche, ebenfalls aus dem 15. Jahrhundert, verfügt über einen imposanten Hochaltar mit Schnitzarbeiten (Am Domänenhof · 21337 Lüneburg · (0 41 31) 5 23 18 · www.kloster-luene.de · Besichtigung nur verbunden mit einer Führung: Di–Sa 10.30, 14.30 und 15.30 Uhr, So/Fei 11.30, 14.30 und 15.30 Uhr). Auf dem Gelände des Klosters eröffnete 1995 das **Textilmuseum**. Unter den 55 Exponaten sind als Weißstickereien angefertigte Fastentücher und Altardecken, von denen die ältesten von 1250 stammen (Di–Sa 10.30–12.30, 14.30–17 Uhr, So/Fei 11.30–13, 14.30–17 Uhr · 4 € / 3 €, inkl. Klosterführung 9 € / 4 €).

Vom Kloster Lüne zum Bahnhof Lüneburg

km 39–40

Man fährt rechter Hand den Lüner Weg weiter, dann durch den Eisenbahnweg. Hinter den Bahngleisen geht es rechts ab in die Straße Beim Holzberg, die zur Bleckeder Landstraße führt. Rechts weiter bis zur Ampel. Man überquert die Bleckeder Landstraße, um dann in die Bahnhofstraße einzubiegen (Lüneburg ▸ *Seite 142**).*

Neugraben – Buchholz

13 Über die Schwarzen Berge und durch den Stuvenwald

Start	Ziel	Länge	Fahrzeit
S-Bhf. Neugraben	Bhf. Buchholz	28 km	3,5 Std.

Berg- und Talfahrten in Norddeutschland? Das geht! Die Harburger Berge sorgen für kräftige Anstiege. Der Höhenzug vor den südlichen Toren Hamburgs ist in der Saale-Steinzeit vor rund 150 000 Jahren entstanden. Ursprünglich aus Sand und Geröll bestehend, entwickelte sich durch Eingriffe des Menschen eine Kulturlandschaft. Von der idyllischen Fischbeker Heide führt die Route zum Wildpark Schwarze Berge. Wer mag, kann außerdem einen Abstecher zum Freilichtmuseum am Kiekeberg unternehmen. Kilometerlang auf nahezu gerader Strecke, jedoch mit viel Auf und Ab, radelt es sich schließlich entspannt und erholsam durch den Stuvenwald bis nach Buchholz.

Lange Abschnitte dieser Tour führen durch ausgedehnte Waldgebiete

Infos zur Tour

Anfahrt
S-Bahnhof Neugraben (S3/S31 jeweils alle 10 Min. ab Hamburg Hbf., Fahrzeit jeweils 25 Min.)

Rückfahrt
Bahnhof Buchholz (RE 4/RB 41 jeweils stdl., ca. 25 Min. bis Hamburg Hbf.)

Variante
Kombinierbar mit Tour 14 und 15

Mit dem Bus weiter
Ein kostenfreier Regionalpark-Shuttle mit Fahrradanhänger fährt von Juli bis Anfang Oktober u. a. vom Wildpark Schwarze Berge und dem Freilichtmuseum am Kiekeberg zum S-Bahnhof Neugraben.
www.regionalpark-shuttle.de

Streckenverlauf
Neugraben – Fischbecker Heide – Wildpark Schwarze Berge – Sottorf – Steinbeck – Buchholz

Streckencharakteristik
Strecke mit zahlreichen Steigungen, vorrangig über Waldwege mit unterschiedlicher Wegqualität, kurze Streckenabschnitte auf straßenbegleitenden Radwegen.

Schwierigkeit
Mittel bis schwer

Für Kinder
Eingeschränkt, nur mit ausreichend Kraft und Kondition

Beschilderung
Ja, ab Vahrendorf als Leine-Heide-Radweg sowie regionale Beschilderungen

Einkehren
Gasthaus zum Kiekeberg
Gemütlicher Gasthof mit familiärer Atmosphäre und herrlicher Aussicht über die Schwarzen Berge bis nach Hamburg. Norddeutsche, saisonal ausgerichtete Küche, diverse herzhafte Brotschnitten aus selbst gebackenem Steinofenbrot.
Am Kiekeberg 5 ·
21224 Rosengarten ·
(0 40) 7 90 50 21 ·
www.kiekeberg.de ·
Di–So 8–21 Uhr

Restaurant Henry's im Flair Hotel zur Eiche
Anspruchsvolle kulinarische Kreationen aus der deutschen und internationalen Küche.
Steinbecker Straße 111 ·
21244 Buchholz in der Nordheide ·
(0 41 81) 2 00 00 ·
www.restauranthenrys.de ·
Mo/Do/Fr warme Küche 17–21.30,
Sa warme Küche 12–21.30,
So warme Küche 12–20 Uhr

km 0–2,5 Vom S-Bahnhof Neugraben in die Fischbeker Heide

In Fahrtrichtung verlassen wir das Bahnhofsgelände (Ausgang „Bauernweide“) und fahren anschließend entgegen der Fahrtrichtung die Straße Am Neugrabener Bahnhof entlang bis zur Radfahrer- und Fußgängerbrücke. Über die betonlastige Brücke gelangen wir in die Neugrabener Bahnhofsstraße. Etwa zwei Kilometer geht es nun bergauf durch ein ruhiges und grünes Wohngebiet. Wenn die Straße in den Fischbeker Heideweg übergeht, beginnt bald der Wald und man erreicht nach etwa 500 Metern das **Naturschutz-Informationshaus Schafstall** ❶.

Die mehr als 700 Hektar große **Fischbeker Heide** erstreckt sich über die Harburger Berge und ist an ihrem höchsten Punkt 116 Meter hoch. Durch Aufforstung sowie einem steigenden Bedarf an Bau- und Ackerland geriet der Bestand der Heideflächen zunehmend in Gefahr, in den 1950er-Jahren wurden die noch vorhandenen Flächen unter Naturschutz gestellt. Die neu gestaltete Dauerausstellung im Naturschutz-Informationshaus, das in einem reetgedeckten, ehemaligen Schafstall untergebracht ist, informiert über die Tier- und Pflanzenwelt, Natur und Landschaft der Fischbeker Heide (Fischbeker Heideweg 43 · 21149 Hamburg · (0 40) 7 02 66 18 · www.loki-schmidt-stiftung.de/infohaeuser/fischbeker_heide · Di–Fr 9–13, So/Fei 11–17 Uhr). Neben dem Ausstellungsgebäude befindet sich ein echter Schafstall. Die dort lebende Heidschnuckenherde trifft man allerdings selten an, da sie meist in der Heide unterwegs ist.

km 2,5–7 Von der Fischbeker Heide zum Wildpark Schwarze Berge

Wir setzen die Route geradeaus auf dem gut befahrbaren Waldweg fort. Nach etwa eineinhalb Kilometern folgen wir der Ausschilderung zum Museum Kiekeberg und biegen links ab. Dabei kommen wir an mehreren Hünengräbern vorbei. Wenn wir die Buskehre Falkenbergsweg erreicht haben, fahren wir rechts vor dem Wald weiter, nach etwa 500 Metern halten wir uns linker Hand bis wir den **Wildpark Schwarze Berge** ❷ *erreichen.*

Bei einem Spaziergang durch die weitläufige Park- und Waldlandschaft können an die hundert unterschiedliche Tierarten in Augenschein genommen werden. Meist handelt es

Neuwiedenthal
Neugraben-
Neu Wulmstorf
Fischbek
Neugraben
Neuwiedenthal
B73
Fischbek
Hausbruch
B73
Fisch-
beker
heide
Neu
Wulmstorf
Naturschutz-
Informationshaus
Schafstall 1
Berge
A7
Wildpark Schwarze
Berge 2
Die Schwarzen
Freilicht-
museum
Kiekeberg 3
Alvesen
Elstorf
Rosen-
Schwieders-
torf
Vahren-
dorf
Sottorf
B3
Sieversen
Leversen
Westerhof
A 261
Langenrehm
B75
garten
Iddensen
Emsen
Nenndorf
Stuven-
A1
A1
Dibbersen
Klecken
Eckel
wald
Klecken
Wennerstorf
Meilsen
B3
Steinbeck
B75
N
1000 m
Buchholz
(Nordheide)
4
Buchholz
in der Nordheide

Das Infohaus in der Fischbeker Heide erklärt deren Besonderheiten

sich um europäische Wildtiere wie Wolf, Bär, Luchs & Co. Begrüßt werden die Besucher von freilaufenden Hängebauchschweinen. Wer mag, kann den 31 Meter hohen **Elbblickturm** erklimmen und anschließend eine Panoramaaussicht über den Großraum Hamburg genießen. Eine beliebte Attraktion besonders bei jungen Besuchern sind Tierfütterungen und Greifvogel-Flugschauen (Am Wildpark 1 · 21224 Rosengarten-Vahrendorf · (0 40) 81 97 74 70 · www.wildpark-schwarze berge.de · Apr.–Okt. 8–18, Nov.–März 9–16.30 Uhr · 11 € / Kinder 3–14 Jahre 9 €).

km 7–10,5 Vom Wildpark Schwarze Berge nach Sottorf

Wir fahren über den Parkplatz zur Ausfahrt und halten uns links. Wenige Meter weiter führt ein Rad- und Fußweg durch die Felder, von dem aus man schnell auf die Alveser Straße gelangt. Wir biegen rechts in die Straße ein.

⇨ Abstecher zum Freilichtmuseum am Kiekeberg

Wir queren die Alveser Straße und fahren geradeaus weiter in den Weg Am Kiekeberg.

Das **Freilichtmuseum am Kiekeberg** ❸ ist genau das Richtige für einen Familienausflug. In mehr als vierzig historischen Gebäuden wird der Alltag der Menschen in früheren Zeiten in der Lüneburger Heide sowie der Winsener Marsch lebendig. 1953 gegründet, wurde für das Museum zunächst ein Heidedorf-Ensemble errichtet. In Pringens Hof, einem niederdeutschen Hallenhaus und seinen Nebengebäuden, wird das bäuerliche Leben in der Lüneburger Heide detailgerecht nachgestellt. Das Bauernhaus, das aus dem Jahr 1797 stammt, stand ursprünglich in der Nähe von Tostedt, wurde dort ab- und anschließend auf dem Museumsgelände wieder aufgebaut. Während des Sommerhalbjahres zeigen ehrenamtliche Darsteller in historisch rekonstruierter Kleidung, wie man um 1804 Haus und Hof bewirtschaftete. Das ganze Jahr hindurch finden auf dem zwölf Hektar großen Museumsgelände außerdem Feste und Events statt. Zudem wird in Schaubetrieben alte Handwerkskunst praktisch vorgeführt. So können Museumsgäste miterleben, wie Brot gebacken, Korn gebrannt, Wolle verwebt und Kaffee geröstet wird. In der Schmiede des Museums werden regelmäßig Kurse für Erwachsene und Kinder angeboten, die die Grundfertigkeiten des Schmiedehand-

Die Fischbeker Heide ist das drittgrößte Naturschutzgebiet Hamburgs

werks erlernen möchten. Als tierische Bewohner bevölkern vom Aussterben bedrohte Nutztierrassen das Gelände. Jüngst wurde das Museum mit einem Agrarium und einem landwirtschaftlichen Entdeckergarten erweitert. Damit wird das wichtige Thema Lebensmittelproduktion und Ernährung aufgegriffen. Am Ende lohnt es sich auch noch, im Museumsshop vorbeizuschauen. Dort werden hausgemachte Produkte, nostalgisches Spielzeug oder ausgesuchte Fach- und Kinderliteratur angeboten, aber allein schon das Ambiente des Kolonialwarenladens im Jugendstil ist sehenswert (Am Kiekeberg 1 · 21224 Rosengarten-Ehestorf · (0 40) 7 90 17 60 · Di–Fr 9–17, Sa/So/Fei 10–18 Uhr · www.kiekeberg-museum.de · 9 € / bis 18 Jahre freier Eintritt / Kombi-Ticket mit Wildpark Schwarze Berge 17 €).

Bei der nächsten Gelegenheit biegen wir links ab in die Straße Am Sandberg. Wir fahren Richtung **Vahrendorf,** *bis wir auf die K 26 stoßen. Dort geht es rechter Hand auf dem Radweg neben der Kreisstraße etwa einen Kilometer bis nach* **Sottorf.**

Das freut den Radler: vorbildlich ausgeschilderte Strecken

Bilderbuchlandschaft zwischen Wildpark und Freilichtmuseum

Von Sottorf nach Steinbek

km 10,5–25

Dort angekommen, geht es rechts ab in die Straße Zu den Diebeskuhlen, die einen Linksknick macht. Dann weiter links über die Straße Barkendicke. Rechts in die Brandheide Richtung Hollenstedt. An der Vahrendorf-Siedlung vorbei in den Wald. Wenn wir den Findling erreicht haben, in den verschiedene Richtungen und Ortsangaben eingemeißelt sind, fahren wir weiter geradeaus. Der Weg macht eine Linkskurve und führt zur Rosengartenstraße (K 52). Wir überqueren diese und fahren weiter Richtung Buchholz/Stuvenwald. Den zweiten Weg nach der Waldschenke biegen wir links ab. Nun befinden wir uns auf der Route, die sich kilometerlang durch den Stuvenwald zieht. Nachdem man die Brücke über die Autobahn passiert hat, gelangt man nach 3 Kilometern zu einer Weggabelung und hält sich links Richtung Buchholz–Steinbeck.

Von Steinbeck bis zum Bahnhof Buchholz

km 25–28

Etwa einen Kilometer weiter gabelt sich der Weg erneut. Wir halten uns rechts und radeln zwischen den Feldern hindurch. Über die Wenzendorfer Straße gelangen wir zur Bundesstraße, die wir überqueren. Auf dem Radweg neben der Steinbecker Straße geradeaus bis in die Innenstadt von **Buchholz** 4*. Dort rechts ab in die Schützenstraße, anschließend links in die Neue Straße. An deren Ende kommt man rechter Hand zum* **Bahnhof Buchholz.**

Buchholz – Maschen

14 Kunst und Natur in der Nordheide

Start	Ziel	Länge	Fahrzeit
Bhf. Buchholz	Bhf. Maschen	31 km	3 Std.

Ein Ausflug in die Nordheide bietet nicht nur schöne Wegstrecken durch Wälder und an landwirtschaftlichen Flächen entlang. Kulturelles Highlight dieser Tour ist ein Besuch in der Kunststätte Bossard, die verborgen in einem ruhigen Waldstück bei Jesteburg liegt. Anschließend durchradeln wir den Luftkurort Jesteburg, dessen Ortsmitte von Reetdachhäusern geprägt ist. Im Ort lädt das Kunsthaus zu einem Abstecher ein. Im Nachbardorf Bendestorf sorgt das Filmmuseum für eine Zeitreise in die 1950er-Jahre. In den Nachkriegsjahren galt das kleine Dorf als „Heide-Hollywood" und war ein wichtiger Standort der deutschen Filmindustrie.

Mittelgroßes Bauernhaus: das Sniers Hus im sehenswerten Museumsdorf Seppensen

Infos zur Tour

Anfahrt
Bahnhof Buchholz (RE 4/RB 41, jeweils stdl., ca. 25 Min. ab Hamburg Hbf.)

Rückfahrt
Bahnhof Maschen (RB 31, alle 60 Min., 8 Min. bis Bhf. Hamburg-Harburg)

Streckenverlauf
Buchholz – Seppensen – Kunststätte Bossard – Jesteburg – Bendestorf – Horst – Maschen

Streckencharakteristik
Tour durch ländlich geprägte Region, zumeist auf asphaltierten Radwegen, teils auf gut befahrbaren Waldwegen, kurze Abschnitte auch auf Radwegen entlang der Straße.

Schwierigkeit
Leicht

Für Kinder
Ja

Beschilderung
Ab Buchholz zunächst als Leine-Heide-Radweg, ab Seppenser Mühle Abschnitte auf dem Seeve-Radweg

Kanuverleih
Kanutouren auf der Seeve:
Bootsvermietung Kanu-Fertig-Los
Lerchenweg 8a · 21256 Handeloh · (0 41 88) 22 54 77 · www.kanufertiglos.de

Einkehren
Café im Hof
Café mit entspannter Atmosphäre im Innenhof des Wohn- und Atelierhauses der Kunststätte Bossard. Serviert werden Kuchen und herzhafte Kleinigkeiten.
Bossardweg 95 · 21266 Jesteburg · (0 41 83) 51 12 · www.bossard.de · Mai-Sep. Mi–So 13–17 Uhr, März/Apr./Okt. Sa/So 13–17 Uhr

Restaurant Buur im Meinsbur Boutique Hotel
Traditionshaus in einem ehemaligen Reetdach-Bauernhaus mit überdachter Terrasse und großem Garten. Gehobene, internationale Küche.
Gartenstraße 2 · 21227 Bendestorf · (0 41 83) 7 79 90 · www.meinsbur.de · Mo–Sa 7–15, So 7–12 Uhr (Frühstück), Mo–Sa 17–22, So 12–21 Uhr (warme Küche)

Restaurant Horster Mühle
Wird an Sommerwochenenden gern von Ausflüglern besucht, die für eine lebendige Atmosphäre sorgen. Das Restaurant hat eine Außenterrasse und einen sehr schönen Wintergarten mit Blick auf die Seeve. Die Speisekarte bedient vor allem den deftigen Geschmack.
Zur Wassermühle 4 · 21220 Seevetal · (0 41 05) 8 26 43 · www.horstermuehle.de · Mo/Do/Fr ab 17, Sa/So ab 12 Uhr

Siedlung
Sieversen
Leversen
Wester-
hof
Tötensen
Hittfe
A 261
Langenrehm
B 75
Emsen
Nenndorf
A 1
A 1
Dibbersen
Eckel
Klecken
Klecken
B 75
Buchholz
in der Nordheide
Filmmuseu
Bendestorf
Meilsen
Klecker
Wald
Kirch-
str.
Buchholz
(Nordheide)
Bende
Klecker-
wald-
weg
Suerhop
Suerhop
Fuhrenkamp
Oster-
berg
Museumsdorf
Seppensen
1
Zum
Mühlenteich
3
Holm-
Seppensen
Bossardweg
Holm-Seppensen
Kunststätte
Bossard
2
Thelsdorf
N
1000 m

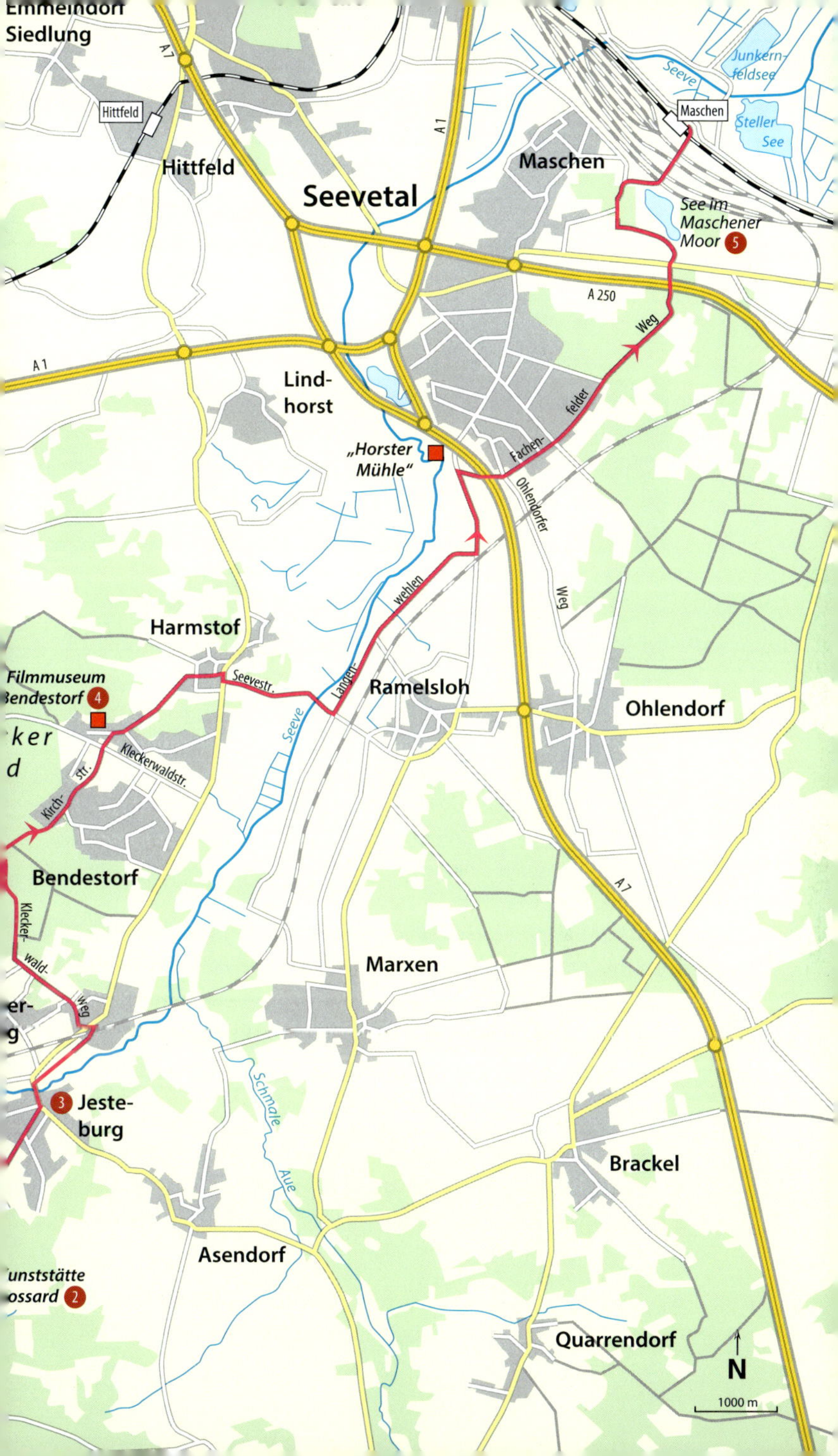
Emmelndorf
Siedlung
A 7
Hittfeld
Hittfeld
Seevetal
A 1
Maschen
Seeve
Junkern-
feldsee
Maschen
Steller
See
See im
Maschener
Moor 5
A 250
A 1
Weg
Lind-
horst
„Horster
Mühle“
felder
Fachen-
Ohlendorfer
Weg
wehlen
Langen-
Harmstof
Filmmuseum
Bendestorf 4
Seevestr.
Seeve
Ramelsloh
Ohlendorf
Kleckerwaldstr.
Kirch-
str.
Bendestorf
Klecker-
wald-
weg
A 7
Marxen
3 Jeste-
burg
Schmale
Aue
Brackel
Asendorf
Kunststätte
Bossard 2
Quarrendorf
N
1000 m

Vorbei an weiten Feldern, wo im Sommer Kornblumen blühen

km 0–3,5

Vom Bahnhof Buchholz zum Museumsdorf Seppensen

Am Ausgang Suerhoper Straße/Rütgerstraße hält man sich links, um anschließend rechts in die Suerhoper Straße einzubiegen. Dann wieder rechts und anschließend links in die Lohbergenstraße. Weiter über den Fuhrenkamp, der zunächst am Waldrand und an einer Häuserzeile entlanggeht und dann in ein Waldstück hineinführt. Am Ende angekommen, biegt man rechts auf einen Feldweg zwischen den Wiesen ab. Nach einer kleinen Brücke führt ein schmaler Fußweg an einer Pferdekoppel vorbei. Wir stoßen auf eine Straße, in die wir links einbiegen und fahren dann in die Straße Am langen Jammer auf der rechten Seite, dann links weiter durch den Ahornweg. Nach der Überquerung der K 28 fährt man weiter geradeaus und kommt zum **Museumsdorf Seppensen** 1*. Trotz der eingeschränkten Öffnungszeiten der Innenräume der Gebäude lohnt ein Stopp.*

Das Freilichtmuseum bildet ein typisches Nordheide-Bauerndorf nach: Die einzelnen Gebäude sind um einen Dorfplatz herumgruppiert, darunter das 300 Jahre alte Bauernhaus Sniers Hus sowie ein Backhaus, eine Scheune und eine Schmiede. Der rote Backsteinbau der Dorfschule von 1880 ist vergleichsweise jung. Es ist das einzige Gebäude, das nicht umgesetzt wurde. Bis in die 1960er-Jahre fand in der Seppenser Dorfschule Unterricht statt.

Für etwa 25 Schüler und Schülerinnen ausgelegt, bot das Gebäude außerdem Platz für eine Lehrerwohnung. Heute beherbergt es das Heimatmuseum (Zum Mühlenteich 3 · 21244 Buchholz-Seppensen · Apr.–Sep. 1./3. Sonntag des Monats von 14–17 Uhr).

Vom Museumsdorf Seppensen zur Kunststätte Bossard

km 3,5–10

Weiter geht es an einem Reiterhof und Feldern vorbei. Nach dem Mühlenteich fahren wir weiter Richtung **Thelstorf.** *Es folgt ein schöner Streckenabschnitt an Wiesen und einem Forst entlang. Noch bevor wir die Ortschaft erreichen, biegen wir links in die Thelstorfer Straße ab, die nach Lüllau führt. Dort angekommen, führt die Route rechts ab in die Lüllauer Dorfstraße/Schierhorner Straße. Man überquert die Seeve und nimmt den zweiten Weg links. Der Bossardweg führt direkt zur* **Kunststätte Bossard** 2.

Der aus der Schweiz stammende Bildhauer Johann Bossard (1874–1950) kaufte 1911 das drei Hektar große Waldgrundstück und ließ sich dort nieder. Gemeinsam mit seiner Frau, der Künstlerin Jutta Bossard-Krull (1903–1996), arbeitete er bis 1950 an der Idee eines

Die Kunststätte Bossard ist ein Gesamtkunstwerk und von Wald umgeben

Gesamtkunstwerks: Es entstanden ein Kunsttempel im Stil des Backsteinexpressionismus, ein Wohn- und Atelierhaus, Wandmalereien und Raumausstattungen sowie eine künstlerisch gestaltete Gartenanlage. Für Heidewanderer und den „sehnsüchtigen jungen Menschen der Großstadt" wollte Bossard eine „schönheitliche Quelle, eine Stätte innerer Einkehr" kreieren. Für den Kunsttempel hat er drei Bilderzyklen aus dem biblischen und weltlichen Themenkreis geschaffen. Das Neue Atelier zeigt wechselnde Ausstellungen, die im Zusammenhang mit dem Werk und der Zeit des Künstlerpaares stehen. Außerdem finden kulturelle Veranstaltungen und Kunstkurse statt. Die Privaträume des Künstlerpaares können – nach Voranmeldung – ebenfalls besichtigt werden (Bossardweg 95 · 21266 Jesteburg · (0 41 83) 51 12 · www.bossard.de · März–Ende Okt. Mi–So 11–18 Uhr, Nov.–Feb. So 11–16 Uhr · 8 € / 5 € / unter 18 Jahren frei).

km 10–13

Von der Kunststätte Bossard nach Jesteburg

Auf dem Rückweg biegt man nach etwa 200 Metern rechts in den Weg Hassel ein, dann rechts in den Schierhorner Weg, der nach **Jesteburg** 3 *führt. Wir halten uns links und fahren Richtung Ortsmitte. Um dem Durchgangsverkehr zu entgehen, biegen wir rechts in den Stubbenhof ab und nehmen den Weg an der Seeve entlang. Der Heidefluss, der südöstlich von Undeloh entspringt und in die Elbe mündet, ist der kälteste Fluss in Norddeutschland. Wenn man sich an der Weggabelung links hält, gelangt man wieder auf die Hauptstraße.*

Jesteburg, um 1200 erstmals urkundlich erwähnt, avancierte früh zum Mittelpunkt der umliegenden Dörfer. Besonderen Charme entfaltet der Ort am **Niedersachsenplatz.** Umgeben von alten Eichen befindet sich dort ein Ensemble von Reetdachhäusern an der Hanglage über der Hauptstraße. Eines der ältesten Gebäude ist ein Bauernhaus aus dem 16. Jahrhundert, das 1986/87 nach Jesteburg umgesetzt wurde. Das **Kunsthaus Jesteburg** bietet mit Einzel- und Gruppenausstellungen zeitgenössischen Künstlern Raum. Das Jahresprogramm umfasst vier Haupt- sowie zwei Sonderausstellungen. Besonderer Wert wird auf die Kunstvermittlung gelegt (Hauptstraße 37 · 21266 Jesteburg · (0 41 83) 77 67 47 · www.kunsthaus-jesteburg.de · Do–So 15–18.30 Uhr · Eintritt frei).

Traditionelles Reetdachhaus in Jesteburg

Von Jesteburg zum Filmmuseum Bendestorf

km 13–18,5

Es geht weiter über die Lindenstraße und nach der Bahnunterführung links in den Kleckerwaldweg. Nach einer Rechtsbiegung führt der Wegabschnitt an einem schön gelegenen Reha-Zentrum im Fachwerkstil vorbei. Geradeaus geht es durch den leicht hügeligen **Kleckerwald.** *Nach etwa 700 Metern auf dem Waldweg folgen wir der Ausschilderung und biegen rechts Richtung Bendestorf ab. Wir queren die Kleckerwaldstraße und fahren geradeaus weiter in die Poststraße, die eine Biegung nach rechts macht, um an der nächsten Kreuzung links in die Straße Am Schierenberg einzubiegen, wo sich das* **Filmmuseum Bendestorf** 4 *befindet.*

Die Geschichte Bendestorfs als Filmstandort begann nach dem Zweiten Weltkrieg, als es den aus Berlin stammenden Regisseur und Drehbuchautor Rolf Meyer in den kleinen Heideort verschlug. Er gehörte mit zu den ersten, die nach dem Krieg eine Lizenz zur Gründung einer Produktionsfirma erhielten. „Menschen in Gottes Hand“ war der erste Spielfilm, der 1947 in einem provisorischen Atelier in Bendestorf entstand. 1950 wurden in

Das Filmmuseum Bendestorf veranschaulicht die Filmtechnik der frühen Nachkriegsjahre

den Studios der neu gegründeten „Junge Film-Union“ Szenen für den Streifen „Die Sünderin“ mit Hildegard Knef produziert. Ein Jahr später uraufgeführt, sorgte eine kurze Nacktszene mit der Schauspielerin im biederen Nachkriegsdeutschland für einen Skandal. Viele namhafte deutsche Schauspieler standen in den 1950er-Jahren in dem Heideörtchen vor der Kamera. In den 1970er-Jahren dann gingen die Produktionen zurück, da die Studios nicht mehr den modernen Anforderungen entsprachen.

Im Museum auf dem historischen Gelände der Filmstudios kann eine Fotogalerie bedeutender Größen des deutschen Nachkriegsfilms angeschaut werden – angefangen bei Marika Rökk, Zarah Leander und Ruth Leuwerik bis zu Heinz Rühmann und Hans Albers. Ein Raum ist allein der bekannten Hildegard Knef gewidmet. Darüber hinaus wird technisches Studiogerät aus den frühen Nachkriegsjahren gezeigt (Am Schierenberg 2 · 21227 Bendestorf · Anmeldung unter (0 41 83) 72 06 oder per E-Mail: info@film-bendestorf.de · www.film-bendestorf.de · Feb.–Ende Nov. Do 16–18, So 15–17 Uhr, Sondertermine nach tel. Vereinbarung).

Vom Filmmuseum Bendestorf zum Bahnhof Maschen

km 18,5–31

Wir fahren zurück zur kleinen Kreuzung und biegen linker Hand in den verkehrsberuhigten Harmstorfer Weg ein. Weiter geht es über die Beekstraße rechts und an der Hauptstraße halten wir uns wieder rechts und fahren links in die Seevestraße. Die Strecke führt rund eineinhalb Kilometer auf dem Radweg an der Kreisstraße entlang. Wir überqueren die Seeve und biegen bald darauf links in den asphaltierten Weg Langenwehlen ein, der durch eine Wiesen- und Feldlandschaft führt. Von dort gelangt man auf die Horster Landstraße. Wir biegen links ein und radeln bis zum Ohlendorfer Weg, der rechts abgeht.

Abstecher zur Horster Mühle

Über die Straße Zur Wassermühle linker Hand ist man schnell bei der **Horster Mühle** *angekommen.*

An einer besonders schönen Stelle der Seeve dreht sich das Wasserrad der Horster Mühle, das Flüsschen ist hinter der Mühle aufgestaut. An dieser Stelle wird seit fast 500 Jahren eine Wassermühle betrieben, 1992 wurde sie umfangreich saniert. Das Wasserrad erzeugt heute den Strom für das Restaurant (Zur Wassermühle 4 · 21220 Seevetal-Horst).

Vom Ohlendorfer Weg, der über die A 7 führt, fahren wir weiter geradeaus in den Fachenfelder Weg, der sich bald durch ein Waldstück zieht. Nach der Autobahnunterführung geht es auf dem Weg gegenüber der Kreisstraße weiter. Am Schützenhaus Maschen müssen wir rechts Richtung Hörsten. Wer noch etwas länger radeln möchte, kann eine Runde um den **See im Maschener Moor** ⑤ *drehen (ca. zwei Kilometer, bei der Bushaltestelle links ab). Das Baden ist allerdings nicht zu empfehlen, da es immer wieder Warnungen vor gesundheitsschädlichen Algen gibt. Auf dem Radweg neben der Hörstener Straße führt die Route über die langgestreckte Decatur-Brücke, die einen imposanten Ausblick auf Europas größten Rangierbahnhof bietet. Die Bremsgeräusche der umsortierten Waggons im Ohr, rollt man auf den* **Bahnhof Maschen** *zu, dessen Gebäude im Rahmen eines Kunstprojekts zum* **„Bunten Bahnhof"** *umgestaltet wurde.*

Wintermoor – Handeloh

15 Durch die Heidelandschaft auf den Wilseder Berg

Start	Ziel	Länge	Fahrzeit
Bhf. Wintermoor	Bhf. Handeloh	29 km	3 Std.

Die Lüneburger Heide ist eine einzigartige Kulturlandschaft. Jedes Jahr im August und September taucht die Besenheide sie in ein kräftiges Lila. Der Wilseder Berg ermöglicht eine fantastische Aussicht über die Heideflächen und in die Ferne. Im nahe gelegenen Ort Wilsede fühlt sich der Besucher unweigerlich einige Jahrhunderte in der Zeit zurückversetzt. Der romantische kleine Heideort mit seinem alten Baumbestand, den Feldsteinmauern und historischen Reetdachhäusern ist lediglich per Kutsche, Rad oder zu Fuß zu erreichen. Ein weiteres Highlight ist ein Abstecher zum Totengrund, der mit einer herrlichen Aussicht in ein weites Heidetal lockt.

Heidschnucken sorgen für den dauerhaften Erhalt der wunderschönen Heidelandschaft

Infos zur Tour

Anfahrt
Bahnhof Wintermoor (RB 41 alle 60 Min. ab Hamburg Hbf. bis Buchholz, Umstieg in die RB 38, Fahrzeit insgesamt 56 Min.)

Rückfahrt
Bahnhof Handeloh (RB 38 alle 60 Min. bis Buchholz, Umstieg in die RB 41 bis Hamburg Hbf., Fahrzeit insgesamt ca. 42 Min.)

Streckenverlauf
Wintermoor – Wilseder Berg – Wilsede – Undeloh – Wesel – Handeloh

Streckencharakteristik
Landschaftlich sehr reizvoll, teilweise auf sandigen Wegen mit leichten bis mittleren Steigungen sowie auf Waldwegen; von Wintermoor Richtung Ehrhorn sowie von Undeloh bis Handeloh auf dem Radweg neben mäßig befahrenen Straßen.

Schwierigkeit
Leicht

Für Kinder
Ja

Beschilderung
Ja, als Wümme-Radweg

Baden
Waldbad Hanstedt
Waldweg zum Bad 2 · 21271 Hanstedt · (0 41 84) 71 31 · www.waldbad-hanstedt.de · Anfang Mai–Mitte Sep. · 3 € / 1,50 €

Einkehren
Gasthaus Zum Heidemuseum
Regional und saisonal ausgerichtete Küche, große Auswahl an Spezialitäten von der Heidschnucke. Schöne Sonnenterrasse.
Wilsede 9 · 29646 Bispingen/Wilsede · (0 41 75) 2 17 · www.zum-heidemuseum.eu · tgl. ab 9 Uhr, ab 11.30 Uhr durchgehend warme Küche, bis 18 Uhr Kaffee und Kuchen.

Café im Heide-ErlebnisZentrum
Für eine kleine Pause sind leckere Buchweizenkuchen und herzhafte Kleinigkeiten im Angebot.
Wilseder Straße 23 · 21274 Undeloh · www.heide-erlebniszentrum.de · unterschiedliche Öffnungszeiten je nach Saison

Hotel Heiderose
Deutsche Küche, unter anderem Heidschnuckenspezialitäten, Wildgerichte und Forelle, außerdem hausgemache Buchweizentorte und weitere süße Köstlichkeiten.
Wilseder Straße 13 · 21274 Undeloh · (0 41 89) 3 11 · www.hotel-heiderose.de · tgl. durchgehend warme Küche bis mind. 20 Uhr

Höckel
Este
Seeve
Handeloh
Inzmühlen
Kampen
Handeloh
Im Seevegrund
Welle
N S G
B3
Wehlen
Rehm
Ottermoor
L ü n e -
Winter-
moor
Este
Heimbuche
Sa
Bahnhof
Winter-
moor
Wintermoor
Behringer Str.
Ehrh
Walderlebnis-
zentrum

Auf dem Töps
sel
Hexenhaus 4
Dorfstr.
Ollsen
Schmale Aue
Meningen
Undeloh 3
burger
Meninger Holz
St. Magdalenen-Kirche
Heide-Erlebnis-Zentrum
Wilseder Str.
Heimbuch
emer
and
Wilseder Berg 2
Wilsede
Hannibals Grab
Fürstengrab
Museum „Dat ole Hus“
Heide
Totengrund

km 0–10,5

Vom Bahnhof Wintermoor zum Wilseder Berg

Wir verlassen den Bahnhof rechter Hand und fahren in die Poststraße. Anschließend weiter auf dem Radweg an der L 211 (Behringer Straße). Nach etwa drei Kilometern endet der Radweg und man quert die Landstraße, um weiter den Rad- und Fußweg durch den Wald zu benutzen. Vor **Ehrhorn** ❶ *geht ein kopfsteingepflasterter Weg, der zum* **Wilseder Berg** *führt, linker Hand ab.*

Abstecher zum Walderlebniszentrum Ehrhorn

Statt links abzubiegen, fahren wir etwa 300 Meter weiter geradeaus und folgen der Beschilderung zum **Walderlebniszentrum** *auf der rechten Seite.*

Mittelpunkt des Zentrums ist ein 350 Jahre alter Heidebauernhof, der umrahmt von alten Eichen am Rande einer bewaldeten Dünenlandschaft liegt. Zu entdecken gibt es einen Naturerlebnispfad, ein Insektendorf, einen Bienenzaun und einiges mehr (Ehrhorn 1 · 29640 Schneverdingen · (0 51 98) 98 71 20 · www.ehrhornheide.de · Mai–Mitte Okt. Sa/So 10–17 Uhr).

Der Weg führt geradeaus bis zur Staatlichen Revierförsterei Heimbuch, hinter der sich eine Dreifingergabelung befindet. Wir biegen rechts ab, bei der nächsten Abbiegung links. Nach etwa einem Kilometer macht der Weg eine Rechtsbiegung. Er führt bergauf durch eine wunderschöne Heidelandschaft. Wir folgen der Beschilderung, biegen noch einmal rechts ab und erreichen nach etwa einem Kilometer den **Wilseder Berg** ❷.

Der Wilseder Berg ist mit 169,2 Metern die höchste Erhebung in der nordwestdeutschen Tiefebene und gilt als Mittelpunkt der größten Heidefläche in Europa. Nachdem die ehemals vorhandenen Wälder abgeforstet waren, konnte sich das Heidekraut (Calluna vulgaris) auf dem trockenen und sandigen Boden ausbreiten. Dafür, dass die Kulturlandschaft erhalten bleibt, sorgen unter anderem Heidschnuckenherden, die aufkommende Gräser und Gehölze verspeisen und das Heidekraut kurz halten. Ein Gedenkstein auf dem Wilseder Berg erinnert an Carl-Friedrich Gauß (1788–1855). Der bekannte Mathematiker hatte den Auftrag erhalten, das Königreich Hannover zu vermessen. Dazu nutzte er

Walderlebniszentrum Ehrhorn: Ausstellung in einem alten Bauernhof

auch die Erhebung in der Heide, auf der er einen trigonometrischen Messpunkt setzte.

Vom Wilseder Berg nach Wilsede

km 10,5–12

Wir verlassen den Berg in östlicher Richtung und erreichen bald Wilsede.

Wie hart und karg das Leben der Heidebauern einst auch gewesen sein muss – das Heidedorf **Wilsede** erzeugt Sehnsucht nach einer fiktiven „guten, alten Zeit". In der Hauptsaison lassen sich die Touristen mit Pferdekutschen durch den Ort chauffieren. Nur das Klackern der Hufe ist auf dem Kopfsteinpfaster zu hören, denn Autos sind – außer für die rund vierzig Einwohner des Dorfes – tabu. Einen anschaulichen Eindruck vom Leben der Heidebauern um 1850 herum vermittelt das Museum **Dat ole Huus.** Es ist in einem Bauernhaus von 1742 untergebracht, eines der ältesten in der Lüneburger Heide. 1907 wurde es von Hanstedt nach Wilsede versetzt. Zum Museum gehört der ehemalige Schafstall Emhoff auf der gegenüberliegenden Straßenseite. Gezeigt werden dort wechselnde Ausstellungen zu Naturschutzaspekten und zur Geschichte der Kulturlandschaft (Wilsede 3 · 29464 Wilsede · (0 41 75) 80 29 33 · Mai–Okt. 10–16 Uhr · 3 €).

Atemberaubende Aussicht in den Totengrund bei Wilsede

Abstecher zum Totengrund

Linker Hand des Heidemuseums führt ein beschilderter Weg zum **Totengrund.**

Ist die Sicht über die Heidelandschaft vom Wilseder Berg aus bereits ein Erlebnis, wird dies im Totengrund sogar noch um einiges getoppt: Wie von einem meterlangen Balkon kann man die Aussicht in das mehrere Hektar große Heidetal genießen. Die Bezeichnung Totengrund deutet darauf hin, dass das Land aufgrund seiner Trockenheit kaum von den Bauern genutzt werden konnte. 1906 kaufte der Heidepastor Wilhelm Bode das Gelände mit Spendengeldern auf, 1910 ging es in den Besitz des erst 1909 gegründeten Vereins Naturschutzpark über, der auch den Wilseder Berg erwarb. Dem Verein ist es maßgeblich zu verdanken, dass die Lüneburger Heide deutschlandweit zu einem der ersten und größten Naturschutzgebiete wurde.

Von Wilsede nach Undeloh

km 12–16

Von Wilsede gelangt man auf dem sandigen Seitenstreifen einer kopfsteingepflasterten Straße ohne Autoverkehr nach **Undeloh** 3.

Anschaulich dargestellt und multimedial aufbereitet informiert das **Heide-ErlebnisZentrum** auf drei Etagen über die historische Entstehung und die heutige Pflege der Kulturlandschaft, über die Besonderheiten des Öko-Systems und die Einwirkungen des Menschen (Wilseder Straße 23 · 21274 Undeloh · (0 41 89) 81 86 48 · www.heide-erlebniszentrum.de · unterschiedliche Öffnungszeiten je nach Saison, in den Wintermonaten Di/Mi geschlossen). Eine weitere Sehenswürdigkeit ist die um 1200 aus Findlingssteinen erbaute **St.-Magdalenen-Kirche.** Ursprünglich besaß sie an ihrer Ostseite einen runden Chor. Dieser wurde jedoch während des Dreißigjährigen Krieges zerstört, sodass an dieser Stelle nun Fachwerk und Ziegelsteine vorzufinden sind. Die Bauzeit des separat stehenden hölzernen Glockenturms ist unbekannt, zwei der drei Glocken stammen noch aus der Zeit des Mittelalters (Wilseder Straße 2 · 21274 Undeloh).

Von Undeloh nach Wesel und zum Bahnhof Handeloh

km 16–29

Hinter der St.-Magdalenen-Kirche biegen wir links ab in die Straße Zur Dorfeiche und fahren an der K27 nach Wesel. Kurz vor dem Ortsausgang befindet sich rechter Hand das **Hexenhaus Wesel** 4**.**

Das kleine reetgedeckte Häuschen, dessen Ursprünge im 18. Jahrhundert liegen, diente früher den Bauernhöfen des Ortes als Backhaus. Um die Gefahr von Bränden abzuwenden, war es damals üblich, Backhäuser an den Ortsrand zu verlegen. Im Zuge der Bevölkerungszunahme im 19. Jahrhundert wurde das Gebäude schließlich auch bewohnt. Aus dieser Zeit stammt der jüngere, seitliche Fachwerkanbau. Heute können sich Hochzeitspaare in dem denkmalgeschützten Gebäude trauen lassen (Höllenhoff 1 · 21274 Wesel).

Weiter auf dem Radweg neben der Kreisstraße erreicht man **Handeloh** *und fährt direkt auf den Bahnhof zu.*

Lauenburg – Winsen

16 An der niedersächsischen Seite entlang der Elbe

Start	Ziel	Länge	Fahrzeit
Bhf. Lauenburg	Bhf. Winsen	39 km	4 Std.

Die Elbe auf der einen, ruhige Rotklinkerdörfer auf der anderen Seite: Auf dieser Tour kann man gemütlich in die Pedale treten – meist zeigt der Deich die Route an. Besonders schön ist der zweite Streckenabschnitt nach der Schleusenbrücke nach Geesthacht. Waren zuvor die Baumkronen des gegenüberliegenden hohen Elbufers zu sehen, wird nun der Blick auf den Fluss und das flache Ufer auf der anderen Seite frei. Über den Stöckter Deich geht es durch die schöne Elbmarsch vorbei an alten Bauernhäusern. Mit etwas Glück bekommt man im Sommer Störche zu sehen. In Winsen warten das Schloss, der Marstall und die großzügigen Luhegärten auf einen Besuch.

Immer am Wasser entlang – mit Blick auf das andere Elbufer

Infos zur Tour

Anfahrt
Bahnhof Lauenburg (RE 3/RE 31 ab Hamburg Hbf. bis Lüneburg, Umstieg in den RE 83, ca. stündlich, Fahrtzeit 45-60 Min.)

Rückfahrt
Bahnhof Winsen (RE 3/RB 31 mind. 2x stündl., ca. 20 Min. bis Hamburg Hbf.)

Varianten
Kombination mit Tour 18 (ab Stöckte weiter auf dem Ilmenauradweg) oder Rücktour über Bergedorf (▸ Tour 8). Dazu biegt man an der Elbuferstraße rechts ab und radelt bis zum Fähranleger. Mit der Fähre lässt man sich zum Zollenspieker übersetzen, dann weiter wie auf Seite 61 beschrieben zum S-Bahnhof Bergedorf.

Streckenverlauf
Lauenburg – Hohnstorf – Artlenburg – Tespe – Laßrönne – Stöckte – Winsen

Streckencharakteristik
Bequem zu fahrende Tour auf zumeist asphaltierten Wegen am Deich, kurze Abschnitte auf Radwegen neben der Straße; ab Stöckte auf dem Deich durch die Winsener Elbmarsch.

Schwierigkeit
Leicht

Für Kinder
Ja. Ausnahme ist der Abstecher nach Geesthacht: Die vom Verkehr vibrierende Brücke setzt Schwindelfreiheit voraus, in Geesthacht müssen verkehrsreiche Straßen überquert werden!

Beschilderung
Ja, als Elberadweg von Lauenburg bis Stöckte, ab Stöckter Deich bis Winsen als Luhe-Radweg

Einkehren
Restaurant Stover Strand
Regional und saisonal ausgerichtete Küche, Sommer- und Wintergarten.
Stover Strand 10 · 21423 Drage/Stove · (0 41 77) 7 11 68 88 · www.restaurant-stover-strand.de · Do–Mo 17–21, So schon ab 12 Uhr (Di/Mi Ruhetag)

Das Elbcafé Drennhausen
Vom sonnigen Balkon hat man einen traumhaften Blick auf die Elbe. Leckere selbstgemachte Torten und herzhafte Kleinigkeiten, kleiner Hofladen nebenan.
Drennhäuser Elbdeich 19 · 21423 Drennhausen · (0 41 77) 2 29 · www.das-elbcafe.de ·
Okt.–Apr. Mi–So 14–18,
Fr/So schon ab 9 Uhr (mit Frühstück)
Mai–Sep. Mi–Mo 12–18,
Fr/So schon ab 9 Uhr (mit Frühstück)

Brasserie am Schloss
Schöne Terrasse mit Blick auf das Schloss. Wochentags Mittagstisch und hausgemachte Kuchen und Torten.
Schloßplatz 5 · 21423 Winsen (Luhe) · www.brasserie-am-schloss.de ·
Mo–Do 11.30–15.30,
Fr/Sa/So 11.30–18 Uhr

Bergedorf
Nettelnburg
Histor. Bahnhof
Börnsen
B 5
N S G
Escheburg
Auf der Böge
Achter-schlag
A 25
Neuen-gamme
Curslack
Borghorst
Geestha
St. Salvator Kirch
Kirch-
Hitscherberg
N S G
KZ-Gedenkstätte
Altengamme
Stover Elbdeich
Stove
Krüge
Elbe
Elbdeich
werder
Achterdeich
Elbstorf
Drennhausen
Schwinde
Rönne
2 Drage
West-Krauel
Riepenburg
Zollenspieker
Elbe
Elbdeich
Elbuferstr.
Stöckter Deich
Laßrönne
B 404
Stöckte
Winsener
Tönnhausen
Marsch
Stöckter Deich
3 Winsen/Luhe
Schloss
Bahnhof-str.
Winsen/Luhe
Borstel
A 250
Luhdorf
Radbruch
Radbruch
A 250
N
1000 m

Sachsen-
wald
N
1000 m
B 209
Kollow
Geesthacht
Hamwarde
Gülzow
Hansaviertel
Spakenberg
Krügersches
Haus
B 5
Krukow
Juliusburg
Basedow
Grünhof
Krüzen
Elbuferstr.
Ober-
marschacht
Tesper-
hude
Elbe
Elbdeich
N S G
Lauenburg
(Elbe)
Schnakenbek
Tespe
Avendorf
B 5
Bütlingen
Artlenburg
1
Deichstr.
Elbe
Lauenburg (Elbe)
Bundesstr.
Elbdeich
Hohnstorf
(Elbe)
Barumer
See
Barum
Reihersee
Elbe-
Seiten-
kanal
Echem
Echem
Brietlingen
Lüdersburg
B 209
Moorburg

Die St. Salvatoris-Kirche ist im ältesten Teil von Geesthacht gelegen

km 0–12

Von Lauenburg nach Tespe

Man verlässt das Bahnhofsgelände linker Hand und fährt Richtung Elbbrücke. Nach der Brücke geradeaus weiter, nach etwa 700 Metern führt rechts ein Weg in den Ort Hohnstorf. Man radelt geradeaus weiter, bis die Straße Elbdeich quert und biegt links ein. Es beginnt eine schöne Strecke am Deich. Hinter Hohnstorf verlässt man den Deich, quert die B 209 und fährt auf dem gegenüberliegenden Fernradweg Alte Salzstraße weiter. Bald geht es an der ausgeschilderten Abzweigung rechts in Richtung Tespe/Artlenburg, anschließend führt eine Brücke über den Elbe-Seitenkanal. Man biegt rechts ab und kommt nach **Artlenburg** ❶ *mit seiner Holländer-Windmühle. Über den Wiesenweg geradeaus bis zum Deich, von dort linker Hand weiter Richtung* **Tespe.**

Von Tespe aus kann man auf der gegenüberliegenden Elbseite nicht nur das stillgelegte **Kernkraftwerk Krümmel** sehen, sondern auch einen historischen Wasserturm inmitten der Wipfel des Geestwaldes. Das Gebäude von 1916 ist das letzte noch erhaltene Bauwerk einer Sprengstofffabrik. 1865 hatte Alfred Nobel (1833–1896) das Gelände gekauft, ein Jahr später erfand er in Krümmel das Dynamit. Bis 1910 entwickelte sich das Werk bei Geesthacht zur größten Sprengstofffabrik Europas.

Abstecher nach Geesthacht

Etwa 200 Meter vor der Schleusenbrücke nach **Geesthacht** *geht ein asphaltierter Weg rechts zur Elbe hinab. Dieser Weg erspart ein Stück auf dem Radweg an der lauten B 404. Allerdings führt der Abstecher nach Geesthacht mehrere Kilometer neben verkehrsreichen Straßen entlang. Nachdem man die Schleusenbrücke überquert hat, geht es links über die Straßen Am Schleusenkanal und Wärderstraße Richtung Innenstadt, anschließend rechts weiter in die Steinstraße. Hinter der Hafenbrücke mit den abgespannten Drahtseilen führt linker Hand die Elbstraße zur* **St.-Salvatoris-Kirche,** *einem der Schmuckstücke von Geesthacht.*

Der Fachwerkbau mit dem flachen Holzturm stammt von 1685. Sein Vorgänger, eine 1230 erstmals erwähnte Kirche, befand sich ursprünglich in Elbnähe. Vom Hochwasser akut bedroht, rettete man Steine sowie Inventar der Kirche und erbaute damit das neue Gotteshaus an einer höher gelegenen Stelle (Kirchstieg 1 · 21502 Geesthacht · (0 41 52) 22 08 · Besichtigung nach Vereinbarung).

Vor der St.-Salvatoris-Kirche fährt man weiter durch die Hafenstraße, die einen Rechtsbogen macht, dann links ab in die Bergedorfer Straße.

Das Fachwerkhaus mit der Hausnummer 28, das aus dem 18. Jahrhundert stammt, ist eine echte Perle. Es hat zwei Stadtbrände überstanden und gilt als ältestes noch erhaltenes Gebäude der Stadt. Das **Krügersche Haus,** wie es auch genannt wird, beherbergt unter anderem das **Geesthacht Museum,** das die Technik- und Industriegeschichte der Stadt mit interaktiven Elementen anschaulich macht – angefangen bei Alfred Nobel mit seiner Dynamitfabrik bis hin zur heutigen Bedeutung Geesthachts als Forschungsstandort (Bergedorfer Straße 28 · 21502 Geesthacht · (0 41 52) 83 59 79 · Apr.–Sep. Mo–Fr 10–18, Sa/So 10–16 Uhr, Okt.–März Mo–Sa 10–16 Uhr).

Von Tespe bis in die Innenstadt von Winsen

km 12–38

An Ober- und Niedermarschacht vorbei, biegt man vor der Schleusenbrücke nach Geesthacht links ab und fährt hinter der Unterführung sofort wieder rechts zum Deich. Man radelt an Schwinde, Stove,

Elbstorf und Drennhausen vorbei, die als Ortsteile zu **Drage** ❷ *gehören. Ab Laßrönne verläuft die Fahrradroute an der Elbuferstraße (K 50). Kurz vor Hoopte macht sie einen Linksknick und führt über die Ilmenau. Von der Elbuferstraße kommend, fahren wir linker Hand an der Straße Hoopter Elbdeich, die zur Hoopter Straße wird, weiter. Hinter dem Stöckter Hafen geht es links ab auf den Stöckter Deich. Auf der Deichkrone kann man entspannt bis nach* **Winsen** ❸ *radeln. Dort angekommen, queren wir den Altstadtring und fahren in gleicher Richtung weiter in die Deichstraße, die in die Marktstraße übergeht. An der* **St.-Marien-Kirche** *biegt man rechts in die Rathausstraße ab.*

Winsen hat sich den Flair einer gemütlichen und übersichtlichen Kleinstadt bewahrt. Die Kreisstadt kann auf eine über 850 Jahre alte Geschichte zurückblicken. Berühmtester Sohn der Stadt ist Johann Peter Eckermann (1792–1854), an den mehrere Denkmäler und Gedenktafeln erinnern. So auch vor dem Platz der St. Marien-Kirche. In ärmlichen Verhältnissen aufgewachsen, wurde Johann Peter Eckermann später ein enger Mitarbeiter Goethes. Der berühmte Dichter bestimmte ihn als Herausgeber seines Nachlasses.

⇨ Abstecher zum Winsener Schloss, zu den Luhegärten und zum Marstall

Von der Rathausstraße biegt man hinter dem Rathaus rechts ab und fährt Richtung Schloss.

Das **Winsener Schloss** stammt aus dem 13. Jahrhundert. Ab 1593 nutzte Herzogin Dorothea von Braunschweig-Lüneburg, Tochter des dänischen Königs Christian III., die rote Wasserburg als Witwensitz. Durch sie bekam das Gebäude seine jetzige Gestalt. Später wurde das Schloss Verwaltungssitz, heute ist das Amtsgericht darin untergebracht. Der Schlossturm kann besichtigt werden. Im ersten Geschoss befindet sich eine reich mit Deckenmalereien versehene Schlosskapelle, die Herzogin Dorothea in Auftrag gab. Zwei Ausstellungsräume im Turm beleuchten die Geschichte der Reformation sowie des Dreißigjährigen Krieges (Schlossplatz 3 · 21423 Winsen (Luhe) · (0 41 71) 34 19 · Besichtigung jeden 2. Do und Sa im Monat 11 Uhr · 4 €).

Vom Schlossinnenhof geht es links in den Schlossgarten. Man nimmt die Brücke, die über die Luhe führt und fährt anschließend linker Hand weiter. Bald ist man bei einer Baumgruppe angekommen, hinter der die **Luhegärten** *liegen.*

Das Naherholungsgebiet umfasst eine Fläche von 22 Hektar. Die Luhegärten, bestehend aus fünf unterschiedlichen Parkbereichen, sind im Rahmen der 3. Niedersächsischen Landesgartenschau 2006 entstanden. Auf der Rückfahrt zur Rathausstraße passiert man den Marstall, ein im Auftrag von Herzogin Dorothea erbautes Fachwerkgebäude. Es beherbergt unter anderem das Heimatmuseum. Neben der Dauerausstellung zur Stadtgeschichte sowie der Kultur der Elbmarsch zeigt das **Museum im Marstall** Sonderausstellungen zu kulturellen Themen (Schloßplatz 11 · 21423 Winsen (Luhe) · (0 41 71) 34 19 · Di–Fr 10–17, Sa 11–16 Uhr · 3 € / 1 €). Blickfang vor dem Marstall ist die Bronzeskulptur „Die goldende Gans“ von dem dänischen Künstler Arne Ranslet.

Von der Winsener Innenstadt zum Bahnhof Winsen

km 38–39

Vom Schlossplatz kommend fährt man rechter Hand weiter durch die Rathausstraße und quert den Schlossring. Geradeaus geht es durch die Bahnhofstraße zum **Bahnhof Winsen.**

Winsen: Blick über den Schlossteich zur St. Marien-Kirche

Winsen – Lüneburg

17 Städtetour auf dem Ilmenau-radweg

Start	Ziel	Länge	Fahrzeit
Bhf. Winsen	Bhf. Lüneburg	34 km	3 Std.

Die Ilmenau ist der größte Fluss der Lüneburger Heide. Sie entsteht südlich von Uelzen und mündet bei Hoopte in die Elbe. Dieser Teilabschnitt des insgesamt 120 Kilometer langen Radwegs führt vorrangig am eingedeichten künstlichen Gewässerbett, dem Ilmenau-Kanal, entlang. Er wurde 1888 fertiggestellt, um die regelmäßig auftretenden Überschwemmungen zu verhindern. Durch friedliche Bauerndörfer führt die Route nach Bardowick, wo sich Abstecher zum Dom und zum mittelalterlichen Spital St. Nikolaihof lohnen. Highlight der Tour ist Lüneburg mit seiner prächtigen Backsteingotik, deren Altstadtgassen vom einstigen Reichtum der alten Hansestadt zeugen.

Lüneburg: Ilmenau zwischen Stintmarkt und historischem Kran

Infos zur Tour

Anfahrt
Bahnhof Winsen (RE 3/RB 31 mind. 2x stdl., ca. 20–30 Min. ab Hamburg Hbf.)

Rückfahrt
Bahnhof Lüneburg (RE 3/RB 31 mind. 2x stdl., ca. 35–50 Min. bis Hamburg Hbf.)

Varianten
Kombinierbar mit Tour 18.
Abkürzung: Rückfahrt ab Bardowick möglich

Streckenverlauf
Winsen – Stöckte – Tönnhausen – Mover – Fahrenholz – Oldershausen – St. Dionys – Bardowick – Lüneburg

Streckencharakteristik
Ruhige Route durch die Winsener Marsch und durch bäuerlich geprägte Dörfer entlang des Ilmenau-Kanals. Gut zu fahrende, zumeist asphaltierte Wege abseits des Autoverkehrs, Besichtigungsmöglichkeiten in Bardowick und Lüneburg.

Schwierigkeit
Leicht

Für Kinder
Ja

Beschilderung
Ja, vollständig (ab Stöckte als Ilmenauradweg)

Baden
Barumer See, ca. 20 Min. von Bardowick Richtung Norden

Einkehren

Restaurant Aalkrug
Alteingesessene, freundlich-familiäre Gaststätte mit lauschiger Außenterrasse direkt am Ilmenau-Kanal. Aalgerichte, Fischspezialitäten sowie Steaks und frische Waffeln.
Wiesenstraße 63 · 21357 Wittorf · (0 41 33) 86 33 · www.zum-aalkrug.de · Di–Fr ab 16, Sa/So/Fei ab 11 Uhr

Meyer's Café
Gemütliches Café mit Fachwerkambiente und Außenbereich an der Bardowicker Mühle. Hausgemachter Kuchen.
Mühlenstraße 36/38 · 21357 Bardowick · (0 41 31) 2 24 35 77 · www.meyers-windmuehle.de · Di–So 14–18 Uhr

Pons
Älteste Kneipe Lüneburgs mit lockerer, ungezwungener Atmosphäre. Platz zum Draußensitzen im Wasserviertel. Vegetarische und vegane Küche.
Salzstraße am Wasser 1 · 21335 Lüneburg · (0 41 31) 2 87 30 60 · www.pons-lueneburg.de · tgl. ab 13 Uhr

Zum alten Brauhaus
Gutbürgerliche Küche und besondere Biersorten. Sehenswertes, historisches Ambiente.
Grapengießer Straße 11 · 21335 Lüneburg · (0 41 31) 72 12 77 · www.brauhaus-lueneburg.de · Di–Sa 12–23 Uhr, Fei abweichend

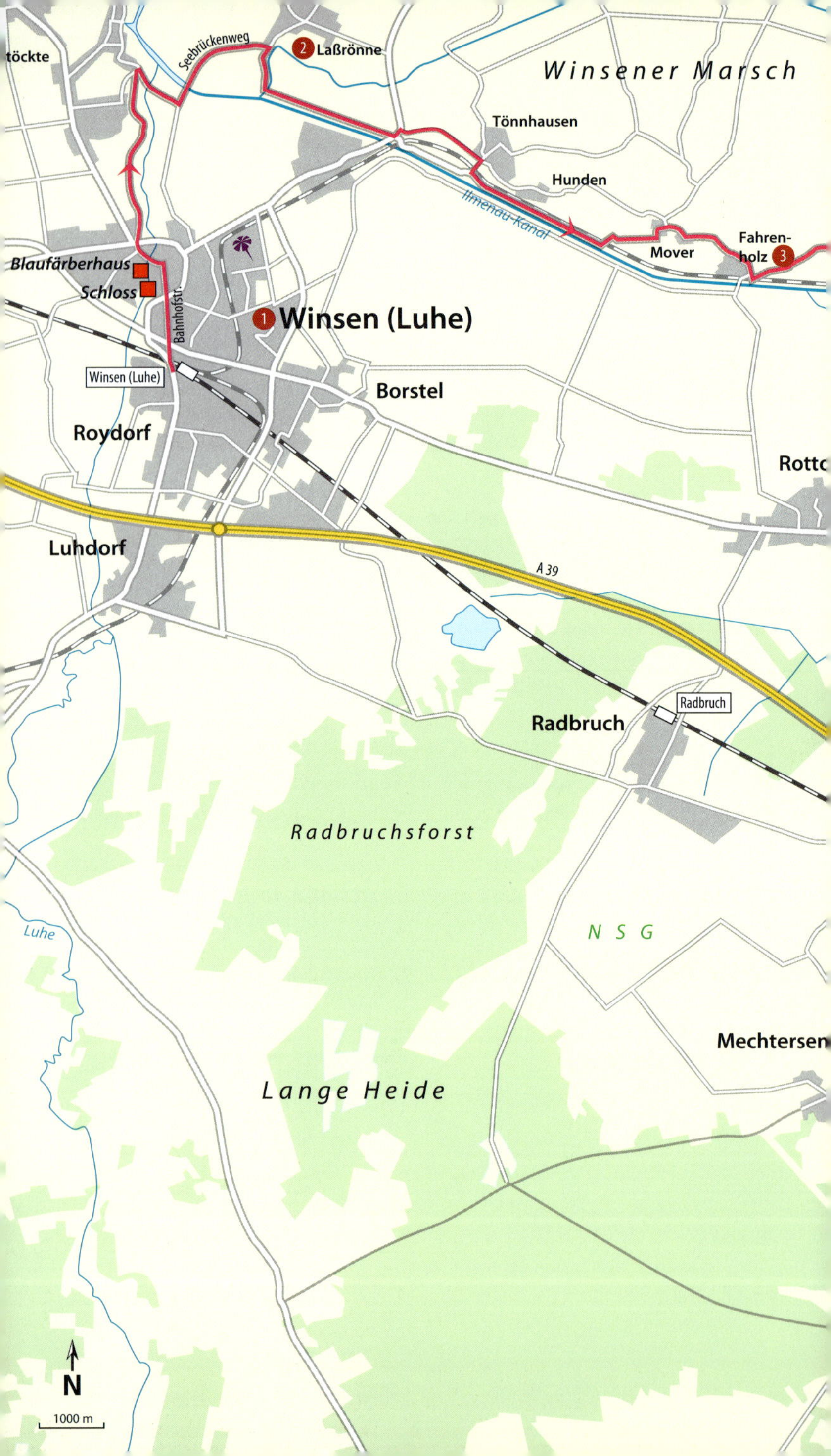

töckte
Seebrückenweg
2 Laßrönne
Winsener Marsch
Tönnhausen
Hunden
Ilmenau-Kanal
Mover
Fahren-
holz 3
Blaufärberhaus
Schloss
Bahnhofstr.
1 Winsen (Luhe)
Winsen (Luhe)
Borstel
Roydorf
Rottc
Luhdorf
A 39
Radbruch
Radbruch
Radbruchsforst
Luhe
N S G
Mechtersen
Lange Heide
N
1000 m

N
00 m
Avendorf
Bütlingen
ldershausen
Barumer
See
Barum
Handorf
orf
Sankt Dionys
4
Brietlingen
Neetzekanal
Wittorf
B 404
B 209
Moorburg
A 39
Bardowick
5
St. Nikolaihof
Adendorf
Bardowick
Mechtersen
Vögelsen
B 4
B 209
Kreideberg
Moorfe
Lüne
6
Stintmarkt
Lüneburg
Hasen-
winkel
Grimm
St. Johannis-
Kirche
Reppenstedt
Lüneburg

Das Winsener Schloss wurde ursprünglich als Wasserburg erbaut

km 0–1,5
Vom Bahnhof in die Innenstadt Winsens

Am Bahnhof **Winsen** ❶ *geht es linker Hand in die Bahnhofstraße. Man quert den Schlossring und radelt weiter geradeaus durch die Rathausstraße, dann links in die Marktstraße. Nach der Brücke über das Flüsschen Luhe, die an dieser Stelle einen kleinen Teil der Altstadt wie eine Insel umschließt, biegen wir rechts in die Luhestraße ein.*

Schmuckstück ist das **Blaufärberhaus** (Luhestraße 9). Das opulent verzierte Fachwerkhaus von 1585 gilt als das älteste noch erhaltene Bürgerhaus Winsens.

km 1,5–4
Von der Innenstadt Winsens nach Stöckte

Wir fahren die Luhestraße weiter und kommen auf die Deichstraße. Nachdem man die Kreuzung Altstadtring überquert hat, geht es neben dem Discounter über den Stöckter Deich durch die Winsener Marsch. Vor **Stöckte** *biegt man scharf rechts in die Straße Zur Seebrücke ab.*

km 4–10
Von Stöckte bis Tönnhausen

Die verkehrsarme Strecke führt auf den Seebrückenweg. Wir biegen links ab und fahren weiter Richtung **Laßrönne** ❷*. Vor dem Ort biegen wir rechts ab. Durch einen mit dichtem Buschwerk gesäumten*

Weg geht es weiter zum Schöpfwerk, wo man eine schöne Sicht auf den Ilmenau-Kanal hat. Am Deich entlang fahren wir bis zu einer Radwegunterführung und biegen anschließend vor den Gleisen links ab. Es geht weiter nach **Tönnhausen.** *Dort biegt man kurz nach dem Ortseingang rechts ab in die Straße Ilmenaudeich. Schon bald kann man links einen Blick auf die* **Alte Ilmenau** *werfen.*

Mit Bau des Ilmenau-Kanals wurden viele Teile des Fluss-Unterlaufs abgetrennt. Die als Alte Ilmenau bezeichneten Flussreste weisen kaum Strömung auf. An vielen Stellen ist das ursprüngliche Gewässer längst zu Land geworden oder es sind lediglich kleine Teiche übrig geblieben. Bei Tönnhausen wurde die Verlandung aufgehalten, da die Alte Ilmenau als Entwässerungsgraben dient und gelegentlich ausgebaggert wird.

Von Tönnhausen nach Oldershausen

km 10–15,5

Auf einem asphaltierten Wirtschaftsweg fahren wir in das nächste lauschige Dörfchen, das **Mover** *heißt. Noch vor dem Ort Hunden geht es anschließend rechts nach* **Fahrenholz** 3*. Wir durchradeln*

An der Alten Ilmenau lädt diese Schaukel in perfekter Idylle zum Erholen ein

den Ort und kommen zu den Bahngleisen. Dort hält man sich links und biegt gleich darauf wieder links ab. Weiter geht es nach **Oldershausen,** *wo es viele alte Bauernhöfe zu sehen gibt.*

km 15,5–26,5

Von Oldershausen nach Bardowick

*Nach dem Ort führt die Route über die Bahngleise. Vor der Brücke links ab und durch die Unterführung und weiter parallel zum Deich. Am Aal-Krug (**▸ Seite 135**) angekommen, geht es rechts weiter am Deich entlang. Nach etwa zwei Kilometern biegt man links in die Kreisstraße ab und erreicht bald darauf* **St. Dionys** (4) *mit seinen schönen Reetdachhäusern und der eindrucksvollen Kirche. Von der Hauptstraße biegt man links ab in den Heinrich-der-Löwe-Weg. An einem Waldstück vorbei radeln wir zur Landstraße, die nach* **Bardowick** (5) *führt.*

⇨ Abstecher in den Flecken Bardowick

Bardowick ist einer der ältesten Orte in Norddeutschland. Im 12. Jahrhundert war Bardowick eine Stadt, bis sie 1189 von Heinrich dem Löwen zerstört wurde. Dieser vergab das Stadtrecht an Lüneburg, das sich nun anstelle Bardowicks zu einem florierenden Handelsplatz entwickeln konnte. Über die lange Vergangenheit des Fleckens informiert ein Rundgang, der – symbolisiert durch eine mittelalterliche Münze – zu dreizehn Stätten führt. Besonders sehenswert ist der Dom **St. Petri et Pauli.** In Proportion zum ansonsten beschaulichen Flecken kommt dieser nämlich im XXL-Format daher. Die ehemalige Stiftskirche wurde vermutlich von Karl dem Großen gegründet. Die ältesten, noch erhaltenen romanischen Teile stammen vom Beginn des 12. Jahrhunderts, die Hallenkirche im gotischen Baustil wurde 1485 vollendet. Ältestes Ausstattungsstück im Inneren ist das bronzene Taufbecken aus dem 14. Jahrhundert. Das vollständig erhaltene Chorgestühl mit 54 Sitzen gilt als das größte seiner Art in Norddeutschland (Beim Dom · 21357 Bardowick · Apr.–Sep. tgl. 9–17, Okt.–März 9–16 Uhr).

Heimeliges Bardowick

Ab Bardowick geht es immer am Fluss entlang nach Lüneburg

Von Bardowick zum Lüneburger Stintmarkt

km 26,5–33

Man überquert die Ilmenau über die Viti Furth und biegt links in den Radweg, der am natürlichen Flusslauf entlang bis nach Lüneburg führt.

Abstecher zum St. Nikolaihof

Zuvor lohnt sich noch ein Abstecher zum **St. Nikolaihof.** *Dazu verlässt man an der Bardowicker Schleuse die Fahrradroute und fährt 250 Meter durch ein lauschiges Waldstück.*

Rund um eine gotische Kapelle sind auf dem St. Nikolaihof mehrere Wohn- und Wirtschaftsgebäude aus dem 14. bis 18. Jahrhundert zu finden. In der mittelalterlichen Spitalanlage waren Leprakranke aus dem nahen Lüneburg untergebracht. Damals war es üblich, die Kranken aus den Städten zu verbannen, um die übrigen Menschen vor Ansteckung zu schützen. Als die Krankheit nicht mehr auftrat, wurde der St. Nikolaihof zum Altersheim für wohlhabende Bürger und Bürgerinnen aus Lüneburg.

In **Lüneburg** *führt ein kurzer Wegabschnitt über ruckeliges Kopfsteinpflaster, doch die Belohnung folgt: Wir kommen direkt im malerischen Wasserviertel an, wo uns der* **Stintmarkt** 6 *erwartet, Lüneburgs Kneipenviertel mit historischem Flair.*

Das mehr als 1050 Jahre alte Lüneburg besticht durch ein geschlossenes, mittelalterliches Stadtbild im Stil der Backsteingotik. Die gesamte Altstadt zeugt von der Geschichte der Stadt, deren wichtigstes Gut, das Salz, ihr im Mittelalter zu Ruhm und Reichtum verhalf. Knapp ein ganzes Jahrtausend, bis 1980, wurde in der Saline Salz gewonnen. Wie andere Waren wurde es mit dem hölzernen **Alten Kran** gegenüber dem Stintmarkt verladen. Lüneburg ist seit 2007 wieder Hansestadt und gleichzeitig auch eine lebendige Universitätsstadt.

km 33–33,5

Vom Lüneburger Stintmarkt in die Altstadt

Für eine kurze Runde durch die Lüneburger Altstadt biegt man am Ende des Stintmarkts rechts ab in die Straße Bei der Abtspferdetränke. Weiter geradeaus gelangt man zum Marktplatz.

Er wird vom **Rathaus** dominiert, dessen älteste Teile um 1230 entstanden. Ständig erweitert, repräsentiert es Stilelemente unterschiedlicher Epochen und gilt als eines der herausragendsten Baudenkmäler in Norddeutschland. Viele der Innenräume kann man bei einer Führung bestaunen, darunter auch die Gerichtslaube mit ihren beeindruckenden Decken- und Wandmalereien (Am Markt 1 · 21335 Lüneburg · Jan.–März Di–So 11 und 14 Uhr, Apr.–Dez. Di–Sa 10, 12 und 15 Uhr, So und an einigen Feiertagen 11 und 14 Uhr · 5 € / 4 €).

Rechter Hand neben dem Rathaus befindet sich das **Heinrich-Heine-Haus.** In dem alten Patrizierhaus lebten von 1822 bis 1826 die Eltern des Dichters. Bei Renovierungsarbeiten wurden wunderschöne Wand- und Deckenbemalungen freigelegt, die man nun bestaunen kann. Heute finden in dem schmucken Gebäude vor allem Kulturveranstaltungen statt, Heiratswillige können sich hier das Ja-Wort geben (Ochsenmarkt 1 · www.literaturbuero-lueneburg.de).

Man schiebt das Rad durch die Große Bäckerstraße und die Kleine Bäckerstraße bis zum Platz Am Sande mit seinen schönen Giebelhäusern.

Aus dieser Perspektive kann man besonders gut den schiefen Turm der Kirche **St. Johannis** erkennen. Noch immer wird in Lüneburg gern die kuriose Geschichte über seinen Baumeister erzählt. Aus Scham über das misslungene Bauwerk kletterte dieser auf den Kirchturm, um sich in den Tod zu stürzen. Doch da gerade ein Heuwagen vorbeikam, überlebte er den Sturz. Daraufhin betrank er sich aus Freude, soll jedoch in der Kneipe vom Stuhl gefallen und an einem Genickbruch gestorben sein …

Von der Altstadt zum Bahnhof Lüneburg

km 33,5–34

An der Kirche St. Johannis vorbei über die Altenbrückertorstraße, geht es anschließend links ab in die Bahnhofstraße.

Am Lüneburger Stintmarkt kann man wunderbar vor historischer Kulisse am Wasser sitzen

18 Von der Salzstadt in den Sole-Kurort

Start	Ziel	Länge	Fahrzeit
Bhf. Lüneburg	Bhf. Bad Bevensen	32 km	3,5 Std.

Zwischen Lüneburg und Bad Bevensen ist die Ilmenau entlang des Radwegs selten zu sehen. Dort, wo sich Fluss und Weg nahe kommen, schlängelt sich das Gewässer reizvoll durch die Landschaft. Durch Wälder, kleine Dörfer und Gemeinden und entlang an Ackerflächen geht es in den Kurort Bad Bevensen. Am Startpunkt der Tour kann man einen Teil der malerischen Altstadt von Lüneburg genießen, in Bienenbüttel lädt ein Skulpturenpfad zum Besuch ein und im Ortsteil Wichmannsburg gibt es eine historische Feldsteinkirche zu sehen. Einblicke in das Klosterleben bietet das Evangelische Damenstift in Medingen. Und am Ende der Tour zeigt die Ilmenau noch einmal ihr romantisches Gesicht.

Oft führt die Route nach Bad Bevensen an großflächigen Feldern und Wiesen vorbei

Infos zur Tour

Anfahrt
Bahnhof Lüneburg (RE 3/RB 31 mind. 2x stdl., ca. 35–50 Min. ab Hamburg Hbf.)

Rückfahrt
Bahnhof Bad Bevensen (RE 3 1x stdl., ca. 50 Min. bis Hamburg Hbf.)

Streckenverlauf
Lüneburg – Bienenbüttel – Medingen – Bad Bevensen

Streckencharakteristik
Tour mit unterschiedlichen Wegführungen (Waldwege, asphaltierte und nichtasphaltierte Feldwege, straßenbegleitende Radwege an Kreisstraßen).

Schwierigkeit
Leicht

Für Kinder
Ja (lässt das Durchhaltevermögen nach, kann die Tour alternativ am Bahnhof Bienenbüttel enden)

Beschilderung
Ja, durchgängig (oft zusätzlich mit dem Symbol des Ilmenauradwegs)

Kanu-Verleih
Kanu aktiv · Heidweg 16 ·
29553 Bienenbüttel ·
(0 58 23) 95 53 39 ·
www.kanustation-bienenbuettel.de

Einkehren
Forsthaus Rote Schleuse
Im Wald gelegenes Ausflugslokal mit guter deutscher Küche. Im Biergarten des hübschen Fachwerkhauses nahe der Ilmenau lässt sich die Umgebung optimal auskosten. Serviert wird nicht nur Herzhaftes, sondern auch Kaffee und Kuchen. Für einen ersten Stopp sehr zu empfehlen!
Rote Schleuse 1 · 21335 Lüneburg ·
(0 41 31) 7 93 17 ·
www.rote-schleuse.de ·
Mo–Fr ab 15, Sa/So/Fei ab 11 Uhr

Café Schöne Zeiten
Das Café ist zwischen Kurpark und Fußgängerzone gelegen. Auf der lauschigen Terrasse direkt an der Ilmenau kann man nach der Tour ausspannen und leckere Torten genießen.
Brückenstraße 22 ·
29549 Bad Bevensen ·
(0 58 21) 4 10 41 ·
www.cafe-schoene-zeiten.de ·
Do–Di 11–17.30 Uhr

Moorfeld
Ebensberg
Kreideberg
Lüne
St. Johannis-
kirche
Grimm
Lüneburg
Wasserturm
Neu-
Hagen
Bilmer
Strauc
Lüneburg
Mittelfeld
Gut
Schnellenberg
Rotes
Feld
B 209 / B 4
Hagen
edeme
Wilschen-
bruch
1
Ilmenau
Wendisch
Evern
Wendisch
Evern
Häcklingen
Rettmer
Elbe-Seitenkanal
B 209
Deutsch Evern
Melbecker Str.
Museumsbahn
Melbeck
B 4
olkhagen
Hohenbostel
2
Grünhagen
Bienenbüttel
Skulpture
pfad
3
Bienenbüttel
Barnstedt

Wulfstorf
Aljarn
Elbe-Seitenkanal
Eddelstorf
Bienenbüttel
Höhns-
torf
Skulpturen-
pfad
3
Kirche
St. Georg
Alten-
medingen
nbüttel
Wichmanns-
burg
4
B4
Secklendo
Bruchtorf
Jelmstorf
Ilmenaustr.
Medingen
Kloster
Medingen
Dreikönigs-
kirche
Seedorf
Bad Bevensen
5
Kurpark
Bad Bevensen
Sasendorf
B4

Beliebter Aussichtspunkt in Lüneburg: der historische Wasserturm

km 0–0,5

Vom Bahnhof Lüneburg in die Lüneburger Altstadt

Wir verlassen den Bahnhofsvorplatz linker Hand und gelangen über die Bahnhofstraße auf die Altenbrückertorstraße, in die wir rechts einbiegen. Über eine Ilmenaubrücke und eine Kreuzung geht es weiter direkt in die Altstadt. Kurz vor der St. Johanniskirche beginnt die Fußgängerzone (für Radfahrer freigegeben).

Der wuchtige Bau der **Kirche St. Johannis** im Stil norddeutscher Backsteingotik stammt aus dem 14. Jahrhundert. Sie ist die älteste Kirche der Stadt. Interessierte können bei einer Kirchenführung mehr über die Besonderheiten von Architektur und Baugeschichte, Altar und Orgel erfahren (www.st-johanniskirche.de · tgl. 11–16 Uhr). Gleich nebenan in einer Seitenstraße befindet sich der 55 Meter hohe historische **Wasserturm.** Anfang des 20. Jahrhunderts erbaut, wurde er 1985 stillgelegt und unter Denkmalschutz gestellt. Per Fahrstuhl und über eine kleine Wendeltreppe erreicht man bequem die Aussichtsterrasse – bei klarem Wetter ist der Blick über Lüneburg beeindruckend (Bei der Ratsmühle 19 · www.wasserturm.net · tgl. 10–18 Uhr · 5 € / 4 €). Über die Straße Bei der St. Johanniskirche gelangt man dann auf den Platz **Am Sande,** wo sich alte Giebelhäuser in ihrer ganzen Pracht aneinanderreihen. Eines der beeindruckendsten Schmuckstücke ist ein Renaissancegebäude aus dem 16. Jahrhundert, in dem heute die Industrie- und Handelskammer untergebracht ist (mehr zur Lüneburger Altstadt ▸ Seite 142–143).

Von der Altstadt Lüneburgs bis zur Roten Schleuse

km 0,5–6,5

Vor dem IHK-Gebäude biegen wir links in die Rote Straße ein, überqueren die Kreuzung und fahren die Barckhausenstraße entlang. Hinter der Nummer 106 biegen wir linker Hand in einen schmalen Weg ein, dann geht es durch die Unterführung hindurch. Wir queren die Straße, fahren rechts in den Waldweg und an den beiden folgenden Weggabelungen halten wir uns links.

Anfangs hört man noch die Geräuschkulisse der nahegelegenen Willy-Brandt-Straße, doch bald führt der Weg tiefer in den **Stadtforst Wilschenbruch** ❶. *Dieser idyllische Wegabschnitt durch die Ilmenau-Aue führt meist am Fluss entlang, später radelt man über eine kleine Holzbrücke, die über den Hasenburger Mühlenbach führt, bis man zur* **Roten Schleuse** *gelangt, wo sich eine Kanu-Einsatzstelle befindet.*

Von der Roten Schleuse zum Skulpturenpfad Bienenbüttel

km 6,5–17,5

An der Straße Rote Schleuse angekommen, halten wir uns links und überqueren die Ilmenau. Wir fahren durch die Unterführung der B 209 hindurch und biegen nach rechts ab. Wir radeln geradeaus durch die Straßen Am Petersberg und An der Ilmenau. Anschließend stößt man auf die Melbecker Straße, die man überquert und linker Hand weiterfährt. Auf diese Weise haben wir einen Teil von Deutsch Evern, einem Lüneburger Vorort, umradelt. Nun biegen wir rechts in den Weg Hinter den Fischteichen ein. Wir folgen der Beschilderung und halten uns links. Die Strecke verläuft zunächst hoch gelegen parallel zur Bahntrasse und geht dann in den Wald über. Auf gut befahrbaren Wegen folgen wir der Ausschilderung und gelangen nach **Hohenbostel** ❷. *Der Ort ist von Landwirtschaft geprägt, es geht an großen Bauernhöfen und knorrigen Eichenbäumen vorbei. Wir biegen rechts in die Straße Seyerberg und haben bald* **Bienenbüttel** *erreicht. Gleich hinter dem Ortseingang weisen Schilder auf den* **Skulpturenpfad** ❸ *hin. Wir fahren auf die Ilmenau zu und biegen dann rechts in das Gelände ab.*

Die am Ufer stehenden Bauwagen gehören zur Kanu-Station Bienenbüttel. Gleich gegenüber der Einstiegsstelle ist die erste von zwölf Arbeiten erkennbar, die inmitten der Natur präsentiert werden: Der „Wegweiser I“ ist eine männliche Figur aus Holz, die – auf einen roten Stock gestützt und eine Hand am Ohr – stoisch am Ufer sitzt, während die Ilmenau gemächlich vor sich hin fließt. Manchmal muss man genau hinschauen, um die Objekte inmitten der Natur zu entdecken. Der Skulpturenpfad zieht sich zu beiden Ufern der Ilmenau entlang bis in den Ortsteil Grünhagen und macht die hier eher ländlich geprägte Region auch kulturell interessant (www.kunstraum-ilmenau.de).

Vom Skulpturenpfad Bienenbüttel in die Ortsmitte

km 17,5–19,5

Wir fahren den schmalen Weg entlang der Ilmenau, vorbei an Pferdekoppeln und Wiesen, weiter bis zur Holzbrücke, über die wir das Rad schieben. Über einen schmalen Weg geht es geradeaus weiter (rechts setzt sich der Skulpturenpfad fort; wer alle Objekte entdecken möchte, sollte den Pfad erwandern). Links geht es in die Uferstraße, die in die Straße Am Bleeken übergeht und eine Rechtskurve

Die Ilmenau präsentiert sich ganz idyllisch

Eines von zwölf Werken auf dem Skulpturenpfad bei Bienenbüttel

macht. Über die nachfolgende Lindenstraße gelangt man in die Bahnhofstraße, zur Ortsmitte Bienenbüttels.

Von der Ortsmitte Bienenbüttels nach Wichmannsburg

km 19,5–21

Wir verlassen den Ort in südöstlicher Richtung und folgen der Beschilderung, die nach Wichmannsburg weist. Linker Hand befindet sich an der Billungstraße 33 eine alte Feldsteinkirche.

Wichmannsburg 4, heute ein Ortsteil Bienenbüttels, kann auf eine über 1 000-jährige Geschichte zurückblicken. Ein Vasall Otto des Großen ließ hier um 950 eine Schutzburg gegen die Slaven errichten, später entstand die **St. Georgskirche Wichmannsburg.** An der Nordseite ist altes Feldsteinmauerwerk mit kleinen Rundbogenfenstern erhalten, der Kirchenaltar wurde um 1500 geschaffen.

Von Wichmannsburg zum Kloster Medingen

km 21–30

Wir setzen die Route fort und gelangen bald an die Ilmenau. Vor dem Fluss geht es rechts in die Burgstraße. Der Weg führt in eine weite Feldmark, die von Wald umgeben ist.

Nach etwa drei Kilometern führt eine Brücke über die Bahntrasse, gleich danach biegen wir der Beschilderung folgend links ein. Linker Hand schaut man über weite Ackerflächen, die sich in den sanften Hügeln ausbreiten, rechter Hand geht es am Wald vorbei. An der Abzweigung Wolfsgrund halten wir uns links, anschließend biegen wir in den Aubruchsweg ein, der an der nächsten Weggabelung rechts weiterführt.

Bald darauf ist der kleine Ort **Bruchtorf** *erreicht. Wir fahren links in die Dorfstraße, dann rechts in die Ilmenaustraße und über die Kreisstraße Richtung Medingen. Vor der Bruchtorfer Straße biegen wir links in den Wald ein. Anschließend geht es rechts in den Am Kampenweg, der in einen schmalen Heckenweg übergeht. Bald ist Medingen erreicht. Biegt man gleich links in den Klosterweg, gelangt man zum Konvent.*

Kloster Medingen ist das größte von derzeit 17 Frauenklöstern und -stiften in Niedersachsen. Das ursprüngliche Gebäude wurde 1336 errichtet, fiel jedoch einem Brand zum Opfer und wurde 1787 wiederaufgebaut.

Aufgrund seines H-förmigen Baus erinnert es fast an eine Schlossanlage – wäre da nicht der Kirchturm. Das Kloster beherbergt eine Reihe von Kunstschätzen, darunter ein Äbtissinnen-Krummstab von 1494, mittelalterliche Möbel sowie altes Silber und Porzellan. Die Konventualinnen führen Besucher durch die Anlage (Klosterweg 1 · (0 58 21) 22 86 · www.kloster-medingen.de · Führungen 1. Apr.–15. Okt. Di–Sa 11/15 Uhr, So 15 Uhr, Fr/Sa 12 Uhr (kurz)).

km 30–32 Vom Kloster Medingen in die Altstadt Bad Bevensen und zum Bahnhof

Zurück geht es über den Klosterweg auf die Mühlenstraße, in die wir links einbiegen, um gleich darauf die Ilmenau zu überqueren. Auf dem Alten Mühlenweg fahren wir auf den Wald zu und biegen dort rechts in einen Weg ab (vor einem kleinen Teich). An der nächsten Weggabelung geht es links, dann wieder rechts.

Nun zeigt die Ilmenau-Aue, die sich rechter Hand durch die Landschaft schmiegt, wieder ihr lauschiges Antlitz. Über eine Holzbrücke überqueren wir das Gewässer und fahren den schmalen Alleenweg, den Ulmenweg, weiter nach **Bad Bevensen** ❺.

Bald erscheint ein blaues Hinweisschild, das den Weg zum Kurpark/Kurzentrum weist. Wir fahren linker Hand am Ilmenau-Ufer entlang und gelangen auf die kopfsteingepflasterte Straße An der Aue. Bei der Kirche kann man rechts einbiegen und so die Altstadt erreichen.

Zum Bahnhof geht es dann ab Dreikönigskirche die Lüneburger Straße (Fußgängerzone!) entlang, dann links in die Bahnhofstaße.

Abstecher in die Altstadt und den Kurpark

Bad Bevensens Altstadt ist übersichtlich. Ihr Mittelpunkt ist der Platz rund um die **Dreikönigskirche** inmitten der Fußgängerzone. Seit Mitte der 1970er-Jahre ist die Kleinstadt als Heilbad anerkannt. Zu verdanken hat sie dies ausgerechnet der Deutschen Erdöl-Aktiengesellschaft Hamburg, die 1964 in der Nähe eine Bohrung niederbrachte. Doch statt Erdgas entdeckte man eine Mineralquelle mit einem Solegehalt von rund dreißig Prozent. In den 1970er-Jahren entstand das Kurviertel. Sehenswert ist der **Kurpark,** der – direkt an der Ilmenau gelegen – an vielen Stellen naturnah gestaltet ist. Er schafft die Verbindung zwischen Altstadt und Kurviertel und umfasst immerhin an die zwölf Hektar. Besonders schön anzusehen ist der Neptunbrunnen, wo dem Meeresgott bogenförmig das Wasser entgegensprudelt.

Kunstwerk: Liebesschlösser an einem Herz im sehenswerten Kurpark

19 Durch die Haseldorfer Marsch und zu den Holmer Sandbergen

Start	Ziel	Länge	Fahrzeit
S-Bhf. Wedel	S-Bhf. Wedel	41 km	4 Std.

Am Startpunkt der Tour, dem Willkomm-Höft in Wedel, kommen dank der maritimen Atmosphäre unweigerlich Urlaubsgefühle auf. Die Strecke führt zunächst am Elbdeich entlang – ein wahres Radfahrerparadies! Zu einer Pause lädt das Elbufer bei Hetlingen mit seinem feinen Sandstrand ein. Am nördlichsten Punkt der Route angekommen, geht es durch die idyllisch gelegenen Häuserreihen von Altendeich, anschließend weiter durch die Marschdörfer Haselau und Haseldorf. Umgeben von frischer Waldluft kann man in der Nähe von Holm die größten Binnendünen Schleswig-Holsteins entdecken. An Baumschulflächen und Wiesen vorbei, führt die letzte Etappe direkt in die Wedeler Altstadt.

Weiter Himmel und saftige Wiesen: Blick in die Wedeler Marsch

Infos zur Tour

An- / Rückfahrt
S-Bahnhof Wedel (S1 alle 10–20 Min., 40 Min. ab/bis Hamburg Hbf.)

Streckenverlauf
Wedel – Haselau – Haseldorf – Holm – Wedel

Streckencharakteristik
Landschaftlich reizvoll und abwechslungsreich, zumeist auf asphaltierten Radwegen, kurzer Abschnitt auf dem straßenbegleitenden Radweg an der B 431.

Schwierigkeit
Leicht

Für Kinder
Ja

Beschilderung
Ja, teilweise als Elberadweg sowie lokale Ausschilderungen

Einkehren
Restaurant Haseldorfer Hof
Landgasthof mit Wintergarten und Terrasse direkt gegenüber dem Schlosspark. Freundlicher Service. Wochentags wird bis 14.30 Uhr ein Mittagsmenü serviert.
Hauptstraße 32 · 25489 Haseldorf · (0 41 29) 95 52 99 · www.haseldorferhof.de · Di–Fr 11.30–14.30 und 17.30–21, Sa/So/Fei 11.30–21 Uhr

Teestube Reepschlägerhaus
Ein Ort, um Seele und Geist aufzutanken. Allein wegen des herrlichen Gartens und der mit viel Liebe zum Detail ausgestatteten Innenräume lohnt der Besuch. Die Speisenauswahl beschränkt sich auf Kuchen, Eis und eine Suppe.
Schauenburgerstraße 4 · 22880 Wedel · (0 41 03) 8 50 57 · www.reepschlaegerhaus.de · Mi–So 9–18 Uhr

Restaurant und Café Wassermühle Wedel
Gute deutsche Küche in rustikalstilvollem Ambiente der historischen Wassermühle, mit schöner Terrasse.
Mühlenstraße 30 · 22880 Wedel · (0 41 03) 1 87 29 09 · www.wassermuehle-wedel.de
Di–So 11.30–22 Uhr

Restaurant und Café Schulauer Fährhaus
Bester Blick auf die Elbe und der Schiffsbegrüßungsanlage ganz nah: Seit einer Komplettrenovierung erstrahlt das Traditionshaus in modernem Design. Mediterrane und regionale Küche, Kuchen und Torten aus eigener Herstellung, sonn- und feiertags Frühstücksbuffet (9.30–12 Uhr).
Parnaßstraße 29 · 22880 Wedel · (0 41 03) 9 20 00 · www.schulauer-faehrhaus.de · tgl. 11.30–22 Uhr, Frühstücksbuffet So/Fei 9.30–12 Uhr

km 0–2 Vom S-Bahnhof Wedel zum Willkomm-Höft

Vom Bahnhof **Wedel** *fährt man über den Rathausplatz in die Bahnhofstraße, Wedels gepflegte Einkaufsstraße. Am Platz Bei der Doppeleiche geht es rechts ab in die Hafenstraße. Am Ende angekommen, biegt man links in den Strandweg ein und gelangt zum* **Willkomm-Höft** ❶.

Seit 1952 vollzieht sich am Willkomm-Höft eine bestimmte Zeremonie: Einlaufende Schiffe werden begrüßt, auslaufende verabschiedet. Steuert ein Schiff auf den Hamburger Hafen zu, ertönt die jeweilige Nationalhymne. Dazu verfügt die Schiffbegrüßungsanlage über ein Repertoire von über 150 unterschiedlichen Hymnen, ein Begrüßungstext wurde in unterschiedliche Landessprachen seefahrender Nationen übersetzt und aufgenommen. Schiffe, die nicht an die Marke von über 1 000 Bruttoregistertonnen heranreichen, müssen auf die akustische Einlage allerdings verzichten. Für sie wird lediglich die Hamburger Flagge gesenkt („gedippt“). Anders das Ritual beim Auslaufen: Gehisst wird die Signalflagge UW. Sie symbolisiert „Good Journey“, also „Gute Reise“. Außerdem erschallt für deutsche Schiffe das Lied „Muss I denn …“, für ausländische der Song „Auf Wiedersehen, auf Wiedersehen, bleib nicht so lange fort“. Verantwortlich für das Ritual ist jeweils der diensthabende Begrüßungskapitän in der Kommandozentrale im Schulauer Fährhaus. Durchschnittlich fünfzig Schiffe auf Überseefahrt passieren innerhalb von 24 Stunden das Willkomm-Höft, das in internationalen Seekarten als „Welcome Point“ verzeichnet ist. Ein sechzig Meter langes, neu errichtetes Ponton am Elbufer bietet beste Aussichten auf die vorbeiziehenden „Pötte“ und alles, was sonst noch auf der Elbe unterwegs ist.

km 2–9 Vom Willkomm-Höft zur Hetlinger Schanze

Über die Schulauer Straße geht es zurück und bis zur Deichstraße, in die wir einbiegen, um von dort aus die Route am Deich entlang zu starten. Da der Weg auf der Deichkrone recht holprig ist, empfiehlt sich der asphaltierte Weg zur Landseite hin mit schöner Aussicht in die Wedeler Marsch. Am Gasthof Fährmannssand schieben wir das Rad über den Deich und setzen die Fahrt an der Elbseite fort. Nach einigen Kilometern kommt man in die Nähe eines riesigen Hochspannungsmasts. Ein Schildchen an einer um-

N
1000 m
Pinneberg
Pinneberg
Moorrege
Heidrege
Appen
Audeich
Altendeich 3
Haselau
Haseldorfer Chaussee
Neuer Weg
Bishorster Sand
Haseldorfer Binnenelbe
Hohenhorst
Heist
B 431
Segelflugplatz
Mühlenwurth
Eggerstedt
Natur-
schutz-
gebiet
Scholenfleth
NABU-Station
Elbmarschenhaus
Altenfelsdeich
Appen-Etz
Haseldorf 4
Uetersen Straße
Golfplatz
Waldenau
Stadersand
Twielenflether Sand
Holm
Holmer Sandberge
Bassenfleth
Melau
Hetlingen
Am Bullensee
Wildpark
Hetlinger Schanze 2
Twielenfleth
Lühesander Süderelbe
Lühe-sand
Elbe
Vogelbeobachtungsstation
Moorwegsiedlung
Hollern
Wedeler Marsch
Reepschlägerhaus
Roland
Rissen
Ernst-Barlach-Museum
Wedel (Holst)
Rissen
Fährmannssand
Schulau
B 431
Wedel
Grünendeich
Willkomm-Höft 1
Tinsdal
B 73
Lühe
Lühe

Die Hetlinger Schanze: Urlaubsfeeling an der Elbe

zäunten Wiese weist auf den **Elbstrand bei Hetlingen** *hin, dem weitere Zugänge folgen.*

Rund sieben Kilometer ist der Sandstrand lang, der auch **Hetlinger Schanze** 2 genannt wird. Zu dem eigenwilligen Namen ist der traumhaft schöne Strand gekommen, weil hier im 17. Jahrhundert ein Verteidigungsposten gegen schwedische Truppen erbaut wurde. Leider ist das Baden verboten. Auch wenn die Elbe harmlos und sauber wirkt – Elbvertiefungen und der Schiffsverkehr haben dazu beigetragen, dass unter Umständen gefährliche Strömungen entstehen. Dafür kann man bei einer Rast wunderbar den vorbeiziehenden Schiffen nachschauen und den feinen Sand an den Füßen spüren.

km 9–26

Von der Hetlinger Schanze nach Haseldorf

Kurz nach der **Hetlinger Schanze** *setzen wir die Tour am Deich entlang zur Landseite hin fort. Nun wird die Natur besonders reizvoll.*

Das **NSG Haseldorfer Binnenelbe mit Elbvorland,** das sich von der Wedeler Marsch bis zum nördlich gelegenen Pinnausperrwerk am Elbufer entlang erstreckt, reicht hier bis in die binnendeichs gelegenen Flächen hinein. Um seltenen und bedrohten Vogelarten einen Lebensraum zu bieten, will man wieder Feuchtwiesen entstehen lassen, die durch den Deichbau verlorengegangen sind. Wer mag, kann auf den **Beobachtungsturm** steigen und die Vogelwelt in Augenschein nehmen, die sich an den Gewässern tummelt und für eine nicht unerhebliche Geräuschkulisse sorgt.

Wir queren die Abzweigung nach Scholenfleth und fahren weiter Richtung Norden, an einem Obstgut vorbei, bis der Radweg nach rechts abknickt. Im Haselauer Ortsteil **Altendeich** ③ *radeln wir an verträumten Häuserreihen mit Blumengärten entlang, die sich an den Deich schmiegen, der sie vor der Pinnau schützt. Wir passieren das Schöpfwerk Haselau-Haseldorf und fahren weiter auf den Stadtkoppelweg. Dann geht es rechts ab auf die Kleevendeicher Chaussee, anschließend links in die Haselauer Chaussee. Wir durchradeln Haselau und biegen in der Dorfmitte in die Haseldorfer Chaussee ab. Weiter geht es bis zur Ortsmitte von* **Haseldorf** ④.

Abstecher zum Elbmarschenhaus und zum Haseldorfer Schlosspark

Wer mehr über die Naturlandschaft erfahren möchte, sollte einen Abstecher zum **Elbmarschenhaus** machen und rechts abbiegen.

Die Ausstellung in dem roten Backsteinhaus informiert Besucher über die Entstehung und Besonderheiten der Elbmarschen. Die Umweltpädagogik wird im Areal hinter dem Gebäude fortgesetzt – es gibt ein Insektenhotel, Bienenvolk und Infotafeln, außerdem Fische, Frösche & Co., die man beobachten kann. Zudem ist ein schöner Platz für ein Picknick eingerichtet (Hauptstraße 26 · 25489 Haseldorf · (0 41 29) 95 54 90 · www.elbmarschenhaus.de · Mi–So 10–16 Uhr, März–Okt. zusätzlich Sa/So bis 17 Uhr).

Gegenüber vom Elbmarschenhaus erstreckt sich das wildromantische Parkgelände des **Haseldorfer Herrenhauses,** das oft als Schloss bezeichnet wird. Es wurde Anfang des 19. Jahrhunderts im Stil des dänischen Klassizismus erbaut. Da es bewohnt wird, ist eine Besichtigung nicht möglich. Öffentlich zugänglich sind jedoch Teile des Parks, der eine Vielzahl ausgefallener, auch exotischer, Baumarten beherbergt.

km 26–34

Von Haseldorf zu den Holmer Sandbergen

Weiter geht es Richtung Holm/Hetlingen, am Ortsausgang biegt man links in den Altenfeldsdeich. Die einsame Strecke mit wenig Autoverkehr führt an Obstplantagen und Bauernhöfen vorbei, dann durch eine Knicklandschaft. Nach etwa dreieinhalb Kilometern biegen wir rechter Hand in den Wischweg ab. Wir folgen der Beschilderung für Fahrräder, biegen anschließend links ab und fahren weiter bis zur Bundesstraße, wo wir uns rechts halten. Rund zwei Kilometer geht es auf dem straßenbegleitenden Radweg der B 431 entlang. Nach dem Kreisel in der Ortsmitte von Holm setzen wir die Route in gleicher Richtung fort. Bei der Ausschilderung „Dörpshus" biegen wir links ab in die Straße Im Sande, dann rechts in die Straße Am Meierhof, dann wieder links in die Straße Am Sportzentrum. Nun kommen wir in ein Waldgebiet und biegen rechter Hand in den Katastrophenweg ein, der zu den **Holmer Sandbergen** 5 *und in eine Naherhohlungsidylle führt.*

Die **Holmer Sandberge** gelten als größtes Binnendünengebiet in Schleswig-Holstein. Noch vor 100 Jahren waren solche Heide-Sandflächen typisch für die Gegend, bis die Aufforstung mit Kiefern begann. Die Gemeinde Holm hat 15 Hektar der Ursprungslandschaft wieder freigelegt. Dazu wurden Kiefern gerodet und die Humusschicht über dem Sand abgetragen. Entstanden ist ein außergewöhnliches Landschaftsbild.

km 34–41

Von den Holmer Sandbergen in die Wedeler Altstadt und zum S-Bahnhof

Am Ende des Katastrophenwegs halten wir uns rechts und stoßen auf den Holmer Grenzweg. Kurz rechts halten, dann weiter in die Ehnboomtwiete. Durch schöne Natur mit Pferdekoppeln und Baumschulflächen radeln wir nun die gut beschilderte Strecke nach Wedel (Am Bullensee, Ihlensee-, Bullenseedamm), bis man rechts in die Bündtwiete gelangt. Anschließend rechts in die Straße Steinberg, die zur Gärtnerstraße wird. Links ab in die Straße Hinter der Kirche, kommt man über die Küsterstraße direkt zum Roland.

Der **Roland,** eine knapp viereinhalb Meter große Statue, ziert seit über 500 Jahren den Wedeler Marktplatz. Die Statue wurde aus Sandsteinblöcken geschaffen und hat mehrere Restaurierungen hinter sich. Der Wedeler Roland symbolisiert Marktgerechtigkeit, denn zu früheren Zeiten wurde hier intensiv mit Ochsen gehandelt, die aus Jütland kamen. Zeitweise sollen im Frühjahr an die 30 000 Ochsen über mehrere Wochen lang die Besitzer gewechselt haben. Für viele Tiere war es nicht die Endstation ihrer Reise, denn bei Wedel wurden sie über die Elbe gebracht. Mit Ausbruch des Dreißigjährigen Krieges kam der rege Handel schließlich zum Erliegen. Etwa 400 Meter vom Roland entfernt befindet sich das **Reepschlägerhaus.** Noch bis in die 1960er-Jahre hinein wurden in dem detailreich renovierten Haus, das aus dem Jahr 1758 stammt, Taue für Großsegler hergestellt. Heute dient es als Teestube, Galerie und Veranstaltungsort (Schauenburgerstraße 4). Ein kulturelles Highlight ist das **Ernst-Barlach-Museum.** Die Ausstellungsstätte ist gleichzeitig das Geburtshaus des Künstlers. Gezeigt werden Skulpturen, Zeichnungen, Lithografien und Holzschnitte. Auch Briefe und Manuskripte des Bildhauers sind zu sehen. Darüber hinaus werden wechselnde Ausstellungen, etwa zu Klassikern der Gegenwart oder deutschen Expressionisten, gezeigt (Mühlenstraße 1 · 22880 Wedel · (0 41 03) 91 82 91 · www.ernst-barlach.de · Di–So 11–20 Uhr · 10 € / 8 €).

Roland-Statue auf dem Wedeler Marktplatz

Auf der B 431 bleibend, geht es am Mühlenteich vorbei wieder zurück zum S-Bahnhof Wedel.

Blankenese – Stade

20 An Este und Elbe entlang in die alte Hansestadt

Start	Ziel	Länge	Fahrzeit
S-Bhf. Blankenese	S-Bhf. Stade	31 km	3 Std.

Das Alte Land ist das größte geschlossene Obstanbaugebiet in Deutschland. Im Frühjahr werden Besucher von einem Blütenmeer in weiß und rosa empfangen. Doch ein Ausflug in die reiche Kulturlandschaft lohnt sich zu jeder Jahreszeit. Die Route führt, vorbei an imposanten Obsthöfen mit den typischen Prunkpforten, in das Herz des Alten Landes: in die Gemeinde Jork. Über Borstel geht es an den Elbdeich Richtung Stade. Die Hansestadt präsentiert sich mit einer sehenswerten Bilderbuch-Altstadt. Mit ihren verwinkelten Gassen, bunten Giebeln und lauschigen Plätzen rund um den historischen Hansehafen lädt sie zum Erkunden und Verweilen ein.

Typisch für das Alte Land: Obstbäume und Reetdachhäuser

Infos zur Tour

Anfahrt
S-Bahnhof Blankenese (S1 alle 10 Min., 26 Min. ab Hamburg Hbf.) Fähre Blankenese-Cranz (regulär alle 60 Min. (tideabhängig!), Fahrzeit 25 Min.) in der Saison

Rückfahrt
Bahnhof Stade (S3 mind. alle 60 Min. sowie mit dem RE 5 alle 60 Min., 50–60 Min. bis Hamburg Hbf.)

Variante
Tour kombinierbar mit Tour 21

Streckenverlauf
Blankenese – Cranz – Groß Hove – Königreich – Jork – Borstel – Stade

Streckencharakteristik
Lange Streckenabschnitte an Obstplantagen und am Elbdeich entlang, zumeist auf asphaltierten Wegen. Zwischen Königreich und Jork auf dem Radweg an der Landstraße (wochentags stark befahren), teilweise auf Straßen ohne Radweg (von Jork nach Borstel und vor Stade). Für diese Tour empfehlen sich windstille Tage!

Schwierigkeit
Leicht

Für Kinder
Ja

Beschilderung
Ja, teilweise als Obstroute und/oder Elberadweg

Sonnenbaden
Strandabschnitte an der Elbe in der Nähe von Hollern-Twielenfleht und Bassenfleth

Gut zu wissen
Den Stand der Blüte sowie den Reifegrad des Obstes kann man unter www.bluetenbarometer.de abfragen.

Einkehren
Die Mühle Jork
Das geschmackvoll gestaltete Restaurant in der historischen Windmühle mit Außenterrasse bietet anspruchsvolle Küche. Wochentags kleine Mittagskarte (12–14.30 Uhr), außerdem hausgebackene Kuchen (12–17 Uhr) und Abendkarte (18–21.30 Uhr).
Am Elbdeich 1 · 21635 Jork-Borstel · (0 41 62) 63 95 · www.diemuehlejork.de · Apr.–Okt. Mi–So 12–17 und ab 18 Uhr, Nov.–März Mi–So ab 18, Sa/So 12–17 und ab 18 Uhr, Jan. geschlossen

Göbencafé
Urgemütliches Café, das kleine Kunstausstellungen präsentiert. Neben herrlichen Kuchen und Torten gibt es Frühstuck und Mittagstisch.
Wasser West 21 · 21682 Stade · (0 41 41) 23 13 · www.goebencafe.de · Di–So 9–18 Uhr

Tapao Stade
Gute spanische Küche, netter Service. Lauschige Outdoor-Plätze.
Wasser West 9 · 21682 Stade · (0 41 41) 41 23 23 · www.tapao-stade.de · Di–Fr ab 17, Sa/So ab 12 Uhr

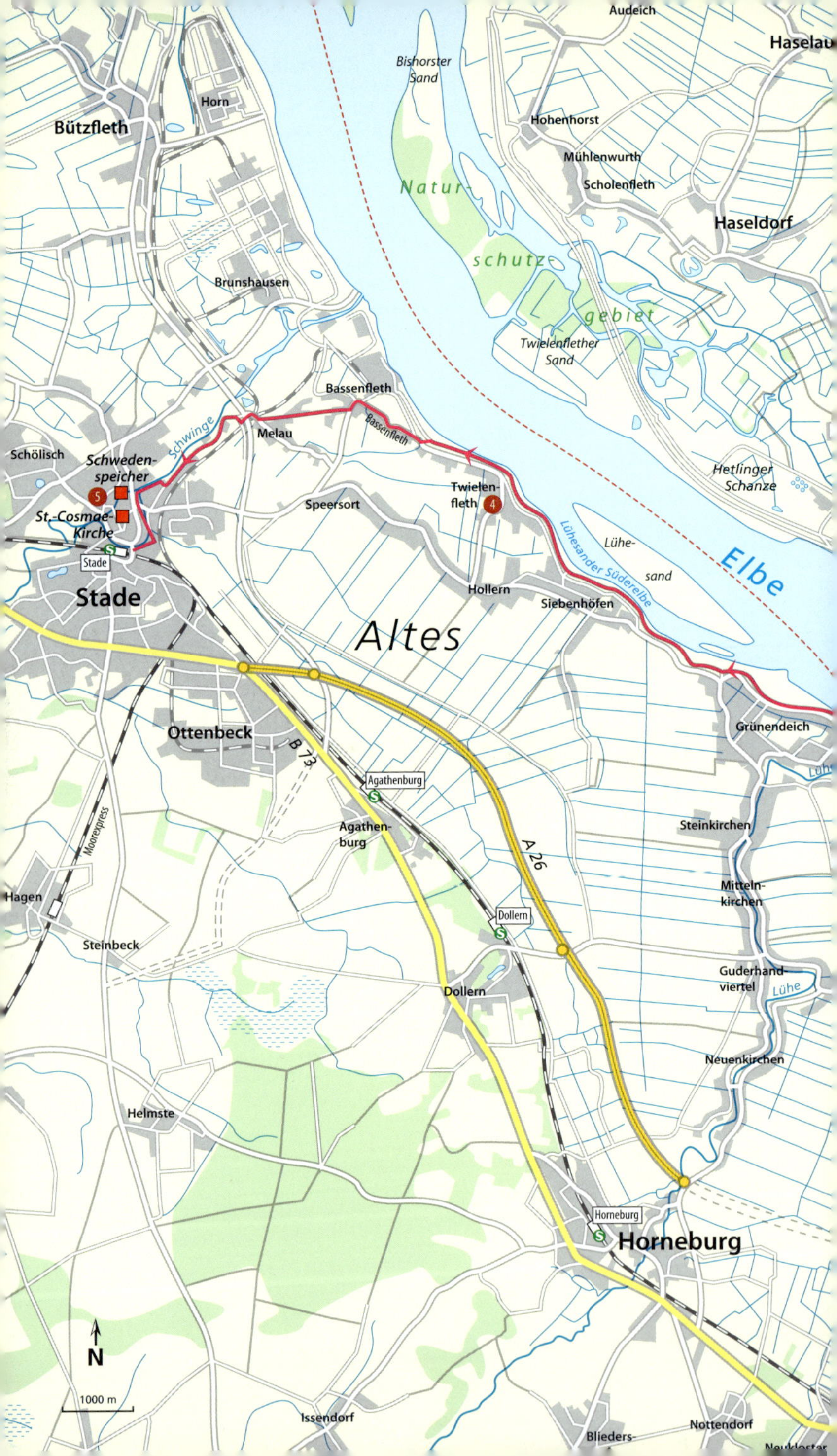
Audeich
Haselau
Bishorster Sand
Horn
Bützfleth
Hohenhorst
Mühlenwurth
Scholenfleth
Natur-
schutz-
gebiet
Haseldorf
Brunshausen
Twielenflether Sand
Bassenfleth
Bassenfleth
Melau
Schwinge
Schölisch
Schweden-speicher
5
St.-Cosmae-Kirche
Speersort
Twielen-fleth
4
Hetlinger Schanze
Lühesander Süderelbe
Lühe-sand
Elbe
Stade
Stade
Hollern
Siebenhöfen
Altes
Grünendeich
Ottenbeck
B 73
Agathenburg
Agathen-burg
Lühe
Steinkirchen
Moorexpress
A 26
Mitteln-kirchen
Hagen
Dollern
Steinbeck
Guderhand-viertel
Lühe
Dollern
Neuenkirchen
Helmste
Horneburg
Horneburg
N
1000 m
Issendorf
Nottendorf
Blieders-

Pinneberg
A 23
Heidrege
Appen
Heist
Pinneberg
Segelflugplatz
Natur-schutz-gebiet
Eggerstedt
Thesdorf
Appen-Etz
B 431
Waldenau
Holm
Moorweg-siedlung
Wedeler Marsch
Rissen
Sülldorf
Wedel (Holst)
B 431
Rissen
Sülldorf
Iserbrook
Wedel
Willkomm-Höft
Tinsdal
Blankenese
Blankenese
Wisch
Hanskalbsand
1
Neßsand
Hanhöfer Nebenelbe
Hahnhöfer Sand
Am Elbdeich
Borsteler Binnenelbe
Windmühle Aurora
3 Borstel
Gräfenhof
St. Nikolai-Kirche
Museum Altes Land
Osterjork
Kirche St. Matthias
Cranz
Groß Hove
Este
Jork 2
Königreich
Obstmarschenweg
Seehof
Wester Ladekop
Oster Ladekop
Este
Neuenfelde
Estebrügge
Land
Nincoper-deich
Rübke
eukloster

km 0–2,5 Vom S-Bahnhof Blankenese zum Fähranleger Blankenese

Am Ausgang des S-Bahnhofs Blankenese hält man sich links und fährt über den Erik-Blumenfeld-Platz. Dann rechts ab bis über die nächste Kreuzung. Dort biegt man linker Hand in die Blankeneser Bahnhofstraße – eine schöne, gepflegte Einkaufsstraße – ein. Dann links in die Auguste-Baur-Straße und am Ende rechts ab in die Elbchaussee. Anschließend lassen wir uns über die Blankeneser Hauptstraße durch das malerische Treppenviertel rollen.

Blankenese ist einer der schönsten, gepflegtesten und reichsten Hamburger Stadtteile. Das **Treppenviertel** gilt als sein ältester Teil. Am Hang über der Elbe finden sich verwinkelte Gassen und weiß gestrichene Häuschen, die für eine mediterrane Stimmung sorgen. Ab und an kann man an den Häusern vorbei unten die Elbe erkennen. Spätestens jetzt stellt sich Urlaubsfeeling ein!

Die Blankeneser Hauptstraße führt auf den Strandweg, in den man linker Hand einbiegt. Kurz darauf ist der **Fähranleger** ❶ *erreicht.*

km 2,5–8,5 Von Cranz (Neuenfelde) nach Groß Hove

Vom Fähranleger Cranz kommend, hält man sich links und durchradelt den kleinen Ort bis man linker Hand zum Weg Am Alten Estesperrwerk gelangt. Nachdem man die Este überquert hat, geht es rechts in den Neuenfelder Fährdeich. Vorbei am Deich auf der einen Seite und den Obstplantagen auf der anderen, biegt man am Ende der Straße rechts Richtung Jork ab.

Per Fähre ans andere Elbufer

Bei Niedrigwasser fährt die Fähre unter Umständen nur bis Neuenfelde. Vom Fähranleger aus fährt man in diesem Fall rechter Hand etwa 500 Meter auf den Fahrradweg am Cranzer Hauptdeich entlang und biegt anschließend links Richtung **Cranz** *ab.*

Obstbäume so weit das Auge reicht! Insgesamt wird deren Zahl im Alten Land auf rund zehn Millionen ge-

Am Deich entlang und Schiffe gucken

schätzt. Die Anfänge des Obstanbaus – heute der bedeutendste Wirtschaftsfaktor – reichen bis in das 14. Jahrhundert zurück. Auf rund 90 Prozent der Plantagen reifen Äpfel heran. Dass diese und andere Obstsorten prächtig gedeihen, ist auf das milde Klima zurückzuführen, aber auch den Holländern zu verdanken. Im 12. Jahrhundert kultivierten sie mit Deichen und Entwässerungsgräben das Marschenland entlang der Elbe. So wurde aus der einstigen Sumpflandschaft ein fruchtbarer Landstrich.

Von Groß Hove nach Jork

km 8,5–12

Auf der verkehrsarmen Straße geht es weiter durch den Ort **Groß Hove.** *Anschließend rechts über die Este-Brücke und geradeaus weiter nach* **Königreich.** *Auf dem Obstmarschenweg, der in die Straße Osterjork übergeht, fahren wir auf dem Radweg neben der Landstraße auf die Ortsmitte von* **Jork** (2) *zu.*

Erstmals 1221 urkundlich erwähnt, gilt Jork als „Hauptstadt“ des Alten Landes. Jedes Jahr am ersten Maiwochenende wird in der Gemeinde die Blütenkönigin gekürt und das Altenländer Blüten-

Romantische Höfe am Fleet in Borstel

fest zelebriert. Jork präsentiert sich mit imposanten Fachwerkhöfen. Typisch für das Altländer Fachwerk ist mosaikartiges Buntmauerfachwerk, in das weiße Rechtecke eingearbeitet sind. Viele Hofzugänge werden von weißen Prunkpforten geschmückt, sogenannte „Altländer Tore“, die den Wohlstand ihrer Besitzer bezeugen. Meist ziert eine große Traube die Wagendurchfahrt, ein Symbol für Fruchtbarkeit. Ganzer Stolz des Ortes ist der historische **Gräfenhof,** ein Fachwerkhaus aus dem 17. Jahrhundert. Aufwendig wieder hergerichtet, ist in ihm das Rathaus untergebracht (Am Gräfengericht 2 · 21635 Jork). Ebenso hoch gehalten wie die regionale Tradition wird die Erinnerung an Gotthold Ephraim Lessing. Der berühmte Dichter der deutschen Aufklärung heiratete 1776 die Hamburgerin Eva König in Jork. Jedes Jahr im Herbst finden deshalb die Lessing-Gespräche in der Gemeinde statt, die ein Forum für gesellschaftliche Themen darstellen (mehr zu Jork ▸ Seite 179–180).

Von Jork nach Borstel

km 12–13

Am Kreisel hinter dem Gräfenhof geht es rechter Hand weiter. Über ein kurzes Stück auf der K26 erreicht man **Borstel** 3 *mit seinem malerischen Fleet.*

Im Hintergrund erhebt sich der Glockenturm der **St.-Nikolai-Kirche zu Borstel,** der wie bei allen Kirchen im Alten Land neben dem Kirchengebäude steht (Apr.–Okt. 10–17 Uhr). Gemeinsam mit dem nahegelegenen **Wehrt'schen Hof,** einem Herrenhaus aus dem 17. Jahrhundert, bildet sie den malerischen Kern des Jorker Ortsteils (Große Seite 16 · 21635 Jork-Borstel).

Abstecher zur Windmühle Aurora

Von der Borsteler Reihe kommend, fährt man die Straße Große Seite weiter und biegt rechts in die Straße Am Elbdeich ein.

Die **Windmühle Aurora,** auch **Borsteler Mühle** genannt, ist ein Galerieholländer von 1856. Benannt wurde sie nach Aurora, Gräfin von Königsmarck (1662–1728), einer späteren Geliebten Augusts des Starken. 1961 stillgelegt, beherbergt die Mühle inzwischen ein Restaurant (Am Elbdeich 1 · 21635 Jork-Borstel · www.diemuehlejork.de).

Von Borstel zum Lühe-Anleger

km 13–16,5

An der Borsteler Reihe biegt man links in den Stuckweg ab, der in einen schmalen Rad- und Fußweg übergeht. Vor der Obstplantage geht es rechts ab und über die K34. Auf der anderen Seite der Kreisstraße fährt man auf einem asphaltierten Weg weiter durch die Obstplantagen. Vor dem Deich schließlich links. Nach etwa zwei Kilometern schiebt man das Rad den Deich hinauf und kann die grandiose Aussicht über Elbe, Obstplantagen und den Jachthafen genießen. Man umfährt den Hafen und gelangt weiter am Deich entlang zum **Anleger Lühe.**

Das Areal rund um den Anleger mit seinen Fisch- und Imbissbuden und dem freien Blick auf die Elbe ist beliebt bei Radfahrern, Bikern und anderen Ausflüglern. Vom Lühe-Anleger (Grünendeich) starten die Fähren nach Schulau (Wedel).

km

Vom Lühe-Anleger nach Stade

16,5–30 *Nach einigen Kilometern ist das stillgelegte Kernkraftwerk Stade zu erkennen. Bei* **Hollern-Twielenfleth** ❹ *bietet sich erneut eine herrliche Sicht auf die Elbe. Wer mag, kann am Sandstrand eine Pause machen und den Containerschiffen nachschauen, die sich auf dem Fluss auf- und abwärts schieben. Etwa ein Kilometer nachdem man am Freibad Hollern-Twielenfleht vorbeigeradelt ist, schiebt man das Rad den Deich hoch (ausgeschildert mit einem Richtungspfeil) und fährt neben der K34 Richtung Bassenfleth weiter. An der Kreuzung hält man sich links. Über die Bassenflether Chaussee geht es anschließend rechts ab in die Straße Am Wegen und weiter Richtung* **Melau.** *An Obstplantagen vorbei durchradeln wir den Ort und fahren am Schwingedeich weiter nach* **Stade** ❺. *Am Stadtrand geht es rechts auf den Schnurweg, dann über einen Rad- und Fußweg an Neubauten vorbei. Vor der Schwinge biegen wir links ab und fahren rechts über die Brücke Beim Salztor. Man quert die Hansestraße und fährt geradeaus. Über die kleine Steigung schiebt man das Fahrrad in den Hagedorn, dann rechts ab in die Straße Hinterm Hagedorn.*

⇨ Abstecher in die Stader Altstadt

Blickfang an dieser Stelle ist die barocke **St.-Cosmae-Kirche,** zu deren Hauptattraktion die im 17. Jahrhundert erbaute Barockorgel gehört, die von einem Glückstädter Orgelbauer begonnen und vom berühmten Orgelbauer Arp Schnitger vollendet wurde (www.cosmae.de · Mo–Sa 10–17, So 11.30–17 Uhr · Turmführungen nach Voranmeldung: Tourist-Information am Hafen · Hansestraße 16 · 21682 Stade · (0 41 41) 77 69 80 · www.stade-tourismus.de).

Vor der Kirche führt der Weg in die Hökerstraße (Fußgängerzone!), von wo aus man rechter Hand einen Rundgang durch die Altstadt starten kann.

Stade, am Rande des Alten Landes gelegen, war ab 1250 Hansestadt und mit weitreichenden Handelsbeziehungen gesegnet. 1601 wurde die Stadt von der Hanse ausgeschlossen, seit 2009 darf sie sich jedoch wieder Hansestadt nennen. Am Fischmarkt sind noch Relikte der alten Hafeneinrichtungen vorhanden, darunter der hölzerne Kran, eine Rekonstruktion des Originals von 1661. Rund um den Hansehafen reihen sich prächtige Fachwerkhäuser. Eine Augenweide, die besonders heraussticht, ist das **Bürgermeister-Hinze-Haus** – ursprünglich ein Kaufmannshaus – mit seiner im Stil der Weserrenaissance errichteten Fassade (Wasser West 23). Das **Museum Schwedenspeicher** widmet sich auf moderne Weise der Stadtgeschichte. Auch die Geschichte der Hanse wird dargestellt (Wasser West 39 · 21682 Stade · (0 41 41) 79 77 30 · www.museen-stade.de/schwedenspeicher · Di–Fr 10–17, Sa/So 10–18 Uhr). Im nahegelegenen **Kunsthaus** werden auf drei Etagen wechselnde Sonderausstellungen zur Klassischen Moderne und zur Gegenwartskunst gezeigt (Wasser West 7 · 21682 Stade · (0 41 41) 79 77 30 · www.museen-stade.de/kunsthaus · Di–Fr 10–17, Mi 10–19, Sa/So 10–18 Uhr · 8 € / 4 € · Ticket gilt auch für den Schwedenspeicher).

Von der Innenstadt zum Bahnhof Stade

km 30–31

Zurück auf der Hökerstraße, biegt man rechts in die Sattelmacherstraße ein. Über den Pferdemarkt geht es links in die Holzstraße (Radfahren in der Fußgängerzone ist ab 18.30 Uhr erlaubt). Wir queren die Wallstraße und fahren geradeaus in die Bahnhofstraße.

Die Altstadt von Stade gilt als eine der schönsten in Norddeutschland

Stade – Buxtehude

21 Durch das Alte Land in die Este-Stadt

Start	Ziel	Länge	Fahrzeit
Bhf. Stade	Bhf. Buxtehude	40 km	4 Std.

Ein Barockschloss, das erhaben über dem Elbtal thront, ist die erste Sehenswürdigkeit auf dieser Tour. Nach dem Abstecher zum Schloss Agathenburg geht es über Horneburg ins Alte Land. Besonders traumhaft ist der Streckenabschnitt am Lühe-Deich, den viele Altländer Fachwerkhäuser – oft umgeben von schönen Bauerngärten – zu einer Augenweide machen. Über die Hogendiekbrücke fährt man in ein großes Obstplantagengebiet und weiter in Richtung Jork, wo das Museum Altes Land zu einem Besuch einlädt. Am Este-Deich entlang führt die Route in das beschauliche Buxtehude. Dort animiert die Altstadt mit ihrem grachtenähnlichen Fleet zu einem Rundgang.

Nachbau nach holländischem Vorbild: Hogendiekbrücke bei Steinkirchen

Infos zur Tour

Anfahrt
Bahnhof Stade (S3 sowie RE 5 mind. alle 60 Min. ab Hamburg Hbf., Fahrzeit ca. 60 Min.)

Rückfahrt
Bahnhof Buxtehude (S3 mind. alle 60 Min. sowie RE 5 alle 60 Min., bis Hamburg Hbf., Fahrzeit ca. 40 Min.)

Streckenverlauf
Stade – Schloss Agathenburg – Horneburg – Steinkirchen – Jork – Estebrügge – Buxtehude

Variante
Abkürzbar durch Start in Agathenburg oder Horneburg

Streckencharakteristik
Ohne Steigungen auf Radwegen und verkehrsarmen Straßen, längere Streckenabschnitte durch Obstplantagen und am Deich entlang, verkehrsbelasteter Abschnitt bei Jork.

Schwierigkeit
Leicht

Für Kinder
Ja

Beschilderung
Ja. Von Stade bis Jork sowie von Estebrügge nach Buxtehude als Obstroute

Einkehren

Café Schloss Agathenburg
Herrliche Torten, die am Wochenende serviert werden. Von der Terrasse aus hat man eine wunderbare Aussicht in das Elbtal.
Hauptstraße · 21684 Agathenburg · (0 41 41) 6 40 11 · 1. März–3. Advent Di–Fr 14–18, Sa/So/Fei 11–18 Uhr

Restaurant Ollanner Buurhuus im Hotel Altes Land
Charmantes Gasthaus mit Schwerpunkt auf regionaler Küche. Angeboten werden Altländer Spezialitäten, wie etwa die Hochzeitsuppe, aber auch in Vergessenheit geratene Gerichte, etwa Gierschsuppe (unbedingt kosten!).
Schützenstraße 1 · 21635 Jork · (0 41 62) 9 14 60 · www.hotel-altes-land.de · Apr.–Okt. Mo–Fr 11.30–14.30 und 17.30–21.30, Sa/So 11.30–15, Sa 17.30–21.30, So 17.30–21 Uhr

Restaurant Abthaus
Schickes, rustikales Restaurant im zweitältesten Gebäude Buxtehudes mit Kaffee- und Biergarten im Hinterhof. Norddeutsche Küche.
Abtstraße 6 · 21614 Buxtehude · (0 41 61) 55 40 77 · www.abthaus.de · Di–So ab 17 Uhr

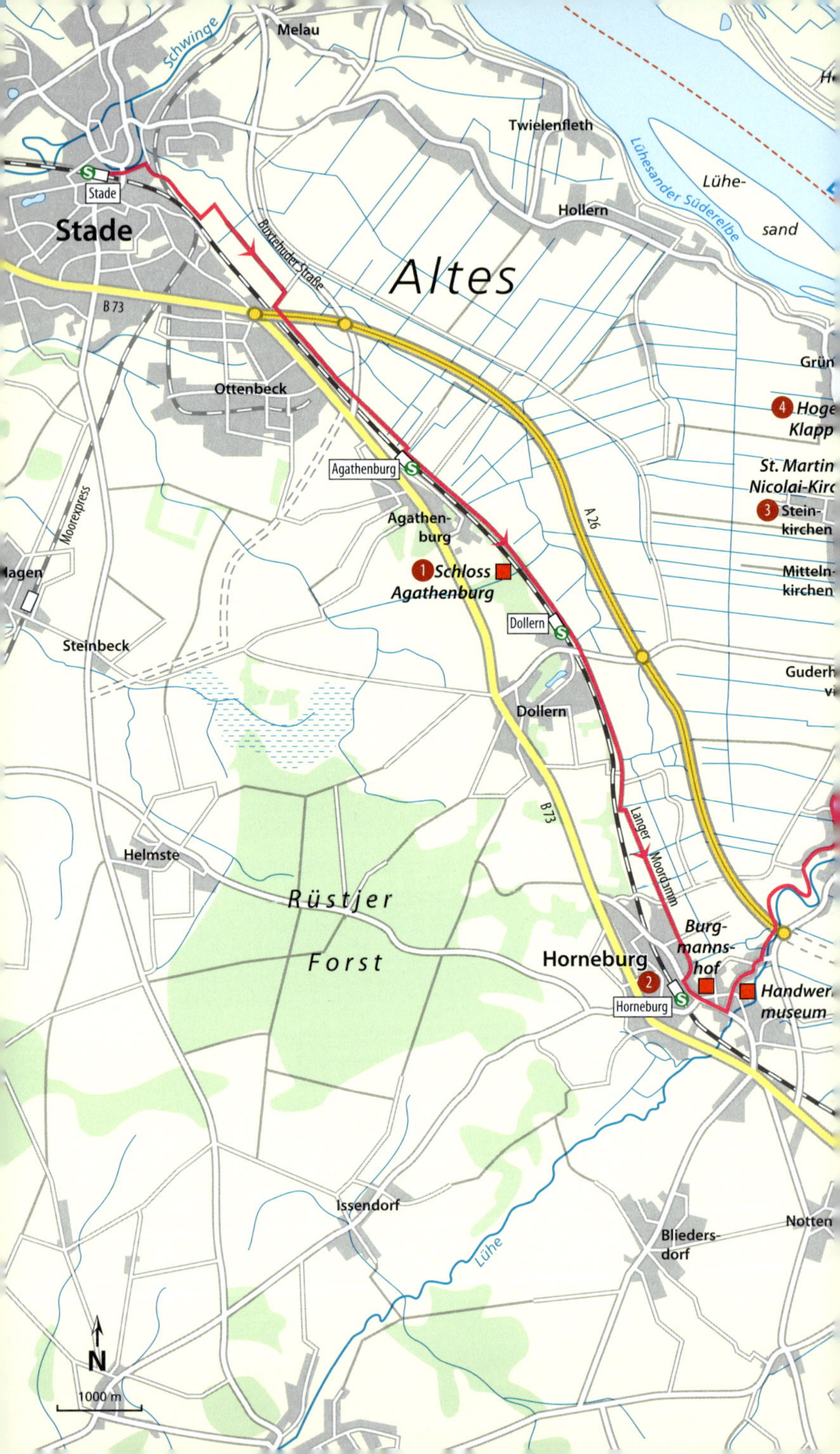
Melau
Schwinge
Twielenfleth
Lühesander Süderelbe
Lühe-
sand
Stade
Stade
Hollern
Buxtehuder Straße
Altes
B 73
Ottenbeck
Grün
4 Hoge
Klapp
Agathenburg
St. Martin
Nicolai-Kirc
Agathen-
burg
A 26
3 Stein-
kirchen
Moorexpress
1 Schloss
Agathenburg
Mitteln-
kirchen
Hagen
Dollern
Steinbeck
Guderh
Dollern
B 73
Langer
Moordamm
Helmste
Rüstjer
Burg-
manns-
hof
Forst
Horneburg
2
Horneburg
Handwer
museum
Issendorf
Notten
Blieders-
dorf
Lühe
N
1000 m

N
1000 m
Hetlingen
Hetlinger Schanze
Elbe
Moorweg-siedlung
Wedel
Wedel
Willkomm-Höft
rünendeich
ogendiek-ppbrücke
Lühe
Lühe
tin et Kirche
Hanskalbsand
Neßsan
Hanhöfer Nebenelbe
Höhenweg
erhand-viertel
Obstmarschenweg
Borstel
Windmühle Aurora
Museum Altes Land
Gräfenhof
Kirche St. Matthias
5 Jork
Neuen-kirchen
Wester Ladekop
Oster Ladekop
Obstmarschenweg
Königreich
Este
Buxtehuder Str.
6 Estebrügge
Land
Este
Kirche St.-Petri
Rathaus
Heimatmuseum
Neukloster
Neukloster
endorf
B73
Buxtehude
7
Buxtehude

Schloss Agathenburg ist von einem verwunschenen Park umgeben

km 0–6

Von Stade nach Agathenburg

Komfortabel beginnt der ausgeschilderte Radweg nach Agathenburg direkt am Ausgang des Bahnhofs **Stade.** *Wir halten uns rechts, fahren zunächst am Burggraben entlang, dann rechter Hand weiter über die Straße Am Güterbahnhof. Die folgende Route führt entweder direkt an der Bahnstrecke entlang oder ein Stück abseits durch das Marschland. In Agathenburg quert man den Bahnübergang. Der Ausschilderung folgend erreicht man nach etwa hundert Metern* **Schloss Agathenburg** ❶. *Wahlweise ist ein Zugang durch den verwunschenen Garten (besonders reizvoll!) oder über die Vorderseite am Hof möglich. Beide Varianten sind ausgeschildert.*

Als markanter Backsteinbau erhebt sich **Schloss Agathenburg** auf dem Rücken der Geest. Erbaut wurde das Barockschloss 1655 im Auftrag des schwedischen Feldmarschalls Hans Christoph von Königsmarck (1600–1663). Dieser hatte während des Dreißigjährigen Krieges zahlreiche Siege errungen und war auf diese Weise zu Ruhm und Macht gelangt. Er fungierte als Generalgouverneur über die Herzogtümer Bremen und Verden. Eine Ausstellung im Schloss widmet sich der Familiengeschichte der von Königsmarcks, außerdem finden dort wechselnde Kunstausstellungen, Lesungen und weitere Kulturveranstaltungen statt. Unbedingt einen Besuch wert ist der verwunschene Schlosspark, der den Eindruck erweckt, als sei er nur für Figuren aus dem Märchenbuch bestimmt (Hauptstraße · 21684 Agathenburg · (0 41 41) 6 40 11 · www.schlossagathenburg.de · 1. März–3. Advent Di–Fr 14–18, Sa/So/Fei 11–18 Uhr · 4 € / 2 € / bis 18 Jahre 0,50 € · der Schlosspark ist ganztägig zugänglich).

Von Agathenburg nach Horneburg

km 6–13

Weiter geht es auf dem Weg an der Bahntrasse entlang, von der aus man den Blick in das weite Elbtal schweifen lassen kann. Nach weiteren sieben Kilometern rechts ab in die Moorstraße, anschließend links in die Straße Im Großen Sande Richtung Ortsmitte, dann an der Kreuzung vor der Pizzeria links ab in die Lange Straße.

Horneburg 2 wirkt zunächst wenig charmant. Das ändert sich in der Langen Straße, in der sich einige historische Gebäude befinden. Die Geschichte des heutigen Fleckens beginnt 1255. Damals ließen sich mehrere Adelsfamilien eine Burg bauen, in deren Schutz die Ortschaft entstand. Später siedelten einige Familien, die auf der Wasserburg zusammengelebt hatten, in Gutshäuser

Schmiede, Stellmacherei & Co.: Handwerksmuseum in Horneburg

außerhalb des Burggeländes um. So entstand in der heutigen Langen Straße 38a der **Burgmannshof,** der seinen Ursprung in den Jahren 1509/1510 hat. Von der Langen Straße kommend, biegen wir links in den Marschdamm ein. Auf einem Hof abseits der Straße findet man das **Handwerksmuseum Horneburg.** In Horneburg fand sich die erste Poststation der Region. Das Museum zeigt Kutschen und Ausstellungsstücke, die mit dem Fuhrwerk und dem dazugehörigen Handwerk im 17. bis 19. Jahrhundert verbunden waren (Marschdamm 2c · 21640 Horneburg · (0 41 63) 63 20 · www.handwerksmuseum-horneburg.de · Di–Do 9–12 Uhr, 1./3. So jeden Monats 15–17 Uhr).

km 13–21 Von Horneburg bis Steinkirchen

Vorbei am historischen Burggelände geht es weiter geradeaus bis zur Hafenstraße, in die wir links einbiegen. Wir fahren durch eine Unterführung der A 26 weiter auf der Hafenstraße und folgen dem Lauf der Lühe. Es folgt ein reizvoller Wegabschnitt, der am Deich durch friedliche Ortschaften mit zahlreichen schmucken Altländer Fachwerkhäusern führt. Wir durchradeln Neuenkirchen, **Guderhandviertel**

Guderhandviertel Nr. 50: Altländer Fachwerkhaus von 1618

und Mittelnkirchen, die sich am Deich entlangstrecken und ineinander übergehen. In **Steinkirchen** ③ *halten wir uns in der Ortsmitte links und fahren in die Bürgerei bis zur Kirche St. Martini et Nicolai.*

St. Martini et Nicolai, eine aus Feldsteinen errichtete Kirche, wurde im 17. und 18. Jahrhundert zu einer barocken Saalkirche umgebaut. Die 1687 eingeweihte Arp-Schnitger-Orgel wurde im Laufe der Jahrhunderte nur wenig verändert. Vor der Kirche befindet sich eine Bronzefigur, die den niederländischen **Priester Hendrik** darstellt. Die Skulptur erinnert an die Holländer, die das Alte Land urbar machten. Bereits im Jahr 1113 war der erste Kolonialisierungsvertrag geschlossen worden. Mönch Heinrich war der Siedlungsführer der holländischen Nachbarn, als diese ihre bereits bewährten Techniken des Wasserbaus in dem sumpfigen Gebiet zum Einsatz brachten (Bürgerei 1 · 21720 Steinkirchen).

Von Steinkirchen zur Hogendiekbrücke

km 21–22

Wir fahren einige Meter zum Alten Marktplatz zurück, biegen links in den Deichweg ein und gelangen zur **Hogendiekbrücke** ④.

Die weiße, hölzerne Fußgängerbrücke über die Lühe ist eines der bekanntesten Wahrzeichen des Alten Landes. Ein historisches Relikt der Holländer, wie vielleicht vermutet, ist sie allerdings nicht. Ihr Vorläufer wurde bereits 1975 ersetzt. Nachdem diese Brücke im holländischen Stil morsch geworden war, wurde sie 2014 durch einen Zugbrücken-Nachbau erneuert.

Von der Hogendiekbrücke zum Museum Altes Land

km 22–28

Nachdem man das Fahrrad über die Brücke geschoben hat, geht es geradeaus bis zur nächsten Wegkreuzung. Dort biegt man rechts ab und fährt über den Höhenweg durch die Obstplantagen. An der Landstraße angekommen dann links ab. Am Kreisel vor **Jork** ⑤ *fahren wir auf die Straße Westerjork. Vor der Ortsmitte erreicht man das an der rechten Straßenseite gelegene* **Museum Altes Land.**

Jork, das Herz des alten Landes, haben wir bereits auf Tour 20 kennengelernt. Das Museum Altes Land gibt einen vielseitigen Einblick in die Geschichte der Kulturlandschaft und der Lebensweise seiner Bewohner. Untergebracht in einem Fachhallenhaus, repräsentiert es eine vollständige Hofstelle mit Durchfahrtsscheune und Prunkpforte (Westerjork 49 · 21635 Jork · Apr.–Okt. Di–So 11–17 Uhr, Nov.–März Mi/Sa/So 14–17 Uhr).

km 28–29

Vom Museum Altes Land zur Kirche St. Matthias

Wir radeln weiter bis zum Kreisel in der Mitte von Jork und biegen rechts in die Straße Am Fleet ein, wo sich die **Kirche St. Matthias** *befindet.*

Erwähnt wurde das Kirchspiel Jork erstmals im Jahr 1221. Das heutige Kirchenschiff stammt aus dem 17. Jahrhundert. Die Empore über der Brauttür errichtete Matthäus von Haren, der Erbauer des Gräfenhofs (▸ Seite 168). Die Familie stiftete außerdem die Kanzel und den Kanzeldeckel. Von der Arp-Schnitger-Orgel sind nur noch das Prospekt von 1709 sowie drei Register erhalten (Am Fleet 4 · 21635 Jork · (0 41 62) 3 45 · 1. Apr.–31. Okt. tgl. 10–17 Uhr · Führungen auf Nachfrage).

km 29–40

Von der Kirche St. Matthias nach Buxtehude

Hinter der Kirche biegen wir links ab in die Schützenhofstraße, die zum Osterminnerweg wird und schließlich durch die Obstplantagen führt. An dessen Ende geht es links in den Jägerstieg, dann rechts auf die Straße Osterjork (L 140). Weiter geradeaus über den Obstmarschenweg bis zur großen Kreuzung. Dort biegen wir rechts in die Buxtehuder Straße ein. Nach 200 Metern queren wir die Straße und fahren linker Hand in die Estebrügger Straße. In **Estebrügge** 6 *biegt man bei der Sparkasse links ab und überquert die Este. Nach der Brücke geht es rechts über die K 83 am Deich entlang. In* **Buxtehude** 7 *angekommen, biegt man von der Moorender Straße kommend rechts in die Harburger Straße ab. Geradeaus gelangt man über eine Brücke in die Lange Straße, die in die Fußgängerzone führt (Rad muss leider geschoben werden!).*

Die historischen Wurzeln Buxtehudes reichen bis in das Jahr 959 zurück, als die bäuerliche Siedlung „Buochstadon" erstmals urkundlich erwähnt wurde. Bereits 1285 war Buxtehude Hafenstadt. Zwischen Marsch und Geest gelegen, wurde hier – ebenso wie in Stade – Getreide aus den Elbmarschen gesammelt und verschifft.

Von 1363 bis 1591 aktives Mitglied in der Hanse, darf sich Buxtehude seit 2014 wieder Hansestadt nennen.

Fleet in Buxtehude

Erste Station des Stadtrundgangs ist der **St.-Petri-Platz.** Linker Hand fällt der Blick auf die malerische Außenfassade des **Buxtehude Museums.** Das 1913 gegründete Heimatmuseum widmet sich der Wohnkultur früherer Zeiten, alter Handwerkskunst und greift natürlich das Märchen vom Wettlauf zwischen Hase und Igel auf, das Buxtehude bekannt gemacht hat. Hinter dem Gebäude ist ein moderner Erweiterungsbau entstanden. In ihm werden Ausstellungen zur Regionalgeschichte sowie zur Gegenwartskunst präsentiert. Aufgrund von Sanierungs- und Modernisierungsarbeiten bleibt das Museum vorerst geschlossen. Nach der Wiedereröffnung, die frühestens für den Herbst 2020 geplant ist, können Besucher sich nicht nur auf eine vergrößerte Ausstellungsfläche freuen, sondern auch auf ein Café in dem unter Denkmalschutz stehenden Samel Haus. Die gegenüberliegende Seite des Platzes wird von der mächtigen **Kirche St. Petri** bestimmt. Mit dem Bau der gotischen Gewölbebasilika wurde wahrscheinlich bereits im 13. Jahrhundert begonnen. Einen Hauch von Amsterdam verströmt die Stadt rund um das Ost- und Westfleet. Das malerische Fleet wurde bereits bei der Stadtgründung angelegt. Bis Anfang der 1960er-Jahre fuhren hier noch Frachtewer. Blickfang im Fleet ist der Ewer „Margareta". Das 1897 erbaute Schiff ist das letzte der ehemaligen Buxtehuder Ewerflotte. Geht man über die Breite Straße Richtung Markt weiter, gelangt man zum alten **Rathaus,** das nach dem Stadtbrand 1911 neu erbaut wurde (Breite Straße 2).

Von der Langen Straße geht es geradeaus in die Bahnhofstraße. Man überquert die Gildestraße und erreicht den Bahnhof Buxtehude.

Glückstadt – Stade

22 Auf dem Elberadweg durchs Kehdinger Land

Start	Ziel	Länge	Fahrzeit
Bhf. Glückstadt	S-Bhf. Stade	43 km	4,5 Std.

Glückstadt wirkt wie aus dem Bilderbuch. Der Gründer der Stadt, der dänisch-norwegische König Christian IV., in Personalunion Herzog von Schleswig und Holstein, wollte mit ihr eine wirtschaftliche Konkurrenz zu Hamburg aufbauen. Neben vielen historischen Gebäuden und einem Fleet sorgt der Binnenhafen mit der unter Denkmalschutz stehenden Häuserzeile an der Uferstraße für den besonderen Charme der Stadt, die auch für ihre traditionsreiche Matjesherstellung bekannt ist. Per Fähre geht es nach Wischhafen und von dort durch das Kehdinger Land. In Krautsand kann man am kilometerlangen Strand in der Sonne baden und dabei großen Pötten und kleinen Seglern nachschauen.

Sorgt für malerisches Flair: der Binnenhafen in Glückstadt

Infos zur Tour

Anfahrt
Bahnhof Glückstadt (ab Hamburg Hbf. RB 61 oder von Altona mit S3, Umstieg in Pinneberg in die RB 61 oder mit R7 bis Elmshorn, Umstieg in RB 71, etwa 45–60 Min.)

Rückfahrt
S-Bahnhof Stade (S3 mind. alle 60 Min. sowie mit dem RE 5 alle 60 Min., 50–60 Min. bis Hamburg Hbf.)

Streckenverlauf
Glückstadt – Wischhafen – Krautsand – Festung Grauerort – Stade

Variante
Tour kombinierbar mit Tour 21

Streckencharakteristik
Abwechslungsreiche Route mit vielen Besichtigungsmöglichkeiten und einer Elbüberquerung auf der Fähre. Lange Streckenabschnitte am Deich fernab vom Straßenverkehr, kürzere Abschnitte an Bundes- und Landstraßen mit Radweg sowie auf verkehrsarmen Straßen ohne Radweg.

Schwierigkeit
Leicht

Für Kinder
Eingeschränkt aufgrund der Länge der Tour

Beschilderung
Ja, als Elberadweg

(Sonnen-)Baden
Badestelle bei Krautsand

Elbfähre Glückstadt-Wischhafen
Abfahrt mind. alle 30 Min., Fahrzeit 25 Min. 2 € / 1 € / pro Fahrrad 1,50 € · www.elbfaehre.de

Einkehren
Der Kleine Heinrich
Zentral am Marktplatz gelegen, wird der Gast von einem rustikal-maritimen Ambiente empfangen. Serviert werden bodenständige Holsteiner Gerichte, Glückstädter Matjes und Klassiker wie Labskaus sowie Speisen der Saison.
Am Markt 2 · 25348 Glückstadt · (0 41 24) 36 36 · www.der-kleine-heinrich.de · tgl. ab 11.30 Uhr

Zum Oberfeuer – Restaurant & Café
Zur Stärkung auf der Hälfte der Tour. Auf der Speisekarte stehen Fisch, Fleisch und vegetarische Gerichte. Terrasse und großer Wintergarten.
Leuchtturmweg 5a · 21706 Krautsand · (0 41 43) 99 99 52 · www.oberfeuer.org · Di–Do 17–21, Fr–So 12–21 Uhr

Insel-Restaurant
Gutbürgerliche Küche und regionale Spezialitäten sowie hausgemachte Kuchen und Torten. Schöner Kaffeegarten inmitten des Freilichtmuseums.
Auf der Insel 1 · 21680 Stade · (0 41 41) 20 31 · www.insel-stade.de · Apr.–Sep. Mi–Sa 11–21, So 11–17 Uhr, Okt.–März Mi–Fr 11–14.30, 17.30–21, Sa 11–21, So 11–15 Uhr

km 0–0,5 Vom Bahnhof Glückstadt zum Markt und Fleet

Am Bahnhof **Glückstadt** ❶ *geht es in Fahrtrichtung des Zuges am Stadtpark vorbei. Man quert die Bahngleise linker Hand und erreicht über die Große Kemper Straße den Marktplatz.*

„Dat schall glücken und dat mutt glücken, und denn schall se ok Glückstadt heten!", hatte König Christian IV. (1577–1648) bei der Gründung der Stadt verkündet. Entworfen wurde sie auf dem Reißbrett. Nach dem Vorbild italienischer Renaissancestädte verlaufen die Straßen sternförmig auf den Marktplatz zu. Um Glückstadt wirtschaftlich erfolgreich zu machen, warb der König reiche und geschäftstüchtige Bürger an. Neben den prachtvollen Häusern rund um den Marktplatz findet sich dort auch der Neubau des ursprünglich 1642/43 im Stil der niederländischen Spätrenaissance erbauten **Rathauses,** dessen einstige Fassade nachgebildet ist (Am Markt 4). Die **Stadtkirche** auf der gegenüberliegenden Seite des Marktplatzes wurde von 1618 bis 1623 erbaut. Auf ihrer Turmspitze trägt sie die Figur der heidnischen Glücksgöttin Fortuna. Vor der Kirche ist eine Bronzebüste des Königs aufgestellt.

Vom Marktplatz kommend, biegen wir rechter Hand in die Straße Am Fleeth ein und umradeln den einstigen Binnenhafen.

Das **Detlefsen-Museum** im **Brockdorff-Palais** von 1632 widmet sich der Geschichte der Stadt und stellt die Lebenswelt der Elbmarschen dar (Am Fleth 43 · 25348 Glückstadt · (0 41 24) 93 05 20 · www.detlefsen-museum.de · Di–So 14–17 Uhr · 4 € / 2,50 €). Auf der anderen Seite des Fleets, der Hausnummer 37, befand sich früher die **Königliche Buchdruckerei.** 1740 entstand dort die erste Zeitung Schleswig-Holsteins, nach dem Ersten Weltkrieg wurden dort Drucksachen in mehr als 100 Sprachen hergestellt.

km 0,5–2 Vom Markt und Fleet zur Straße Am Hafen

Weiter geradeaus am Fleet biegt man vor dem Binnenhafen mit seinen Segelbooten rechter Hand in die Straße Am Hafen ein, in der sich malerische Giebel hinter dem Deich aneinanderreihen.

Viele von ihnen haben eine besondere Geschichte zu erzählen. So beherbergte das gelb gestrichene Häuschen mit der Nr. 14 einst

Glückstadt
Brockdorff-Palais
Palais
Stadtkirche
Herzhorn
B 431
Obendeich
Rhinplate
Elbe
Hamelwörden
Glückstädter Str.
Wischhafen
Küstenschifffahrtsmuseum
Neuland
B 495
Wolfsbruchermoor
Fasanenweg
Dornbusch
Klappbrücke
Krautsand
Ruthenstrom
Bielenberg
Kollmar
Drochtersen
Schwarztonnensand
Ritsch
Assel
Am Elbdeich
Barnkrug
Festung Grauerort
Abbenfleth
Königsmoor
Ritschermoor
Bützflethermoor
Bützfleth
Burg
Groß Sterneberg
Götzdorf
Schnee
Stader Schneeweg
Freiburger Str.
Schwinge
Schölisch
Himmelpforten
Hammah
Haddorf
Freilichtmuseum Stade
Stade
B 73
B 74
Düdenbüttel
N
1000 m

Die malerische Häuserzeile Am Hafen steht unter Denkmalschutz

die **königliche Apotheke.** Der alte Salzspeicher aus Backsteinmauerwerk, der auf der gegenüberliegenden Seite am Binnenhafen liegt (Nr. 63), ist 1827 entstanden. Noch bis 1976 wurde er für die Heringsfischerei genutzt. Im **Palais** Nr. 46, einst Regierungskanzlei, präsentiert heute der Kunstverein Glückstadt Ausstellungen mit zeitgenössischen Werken, vor allem aus den Bereichen Fotografie und Malerei (Palais für aktuelle Kunst · Am Hafen 46 · 25348 Glückstadt · (0 41 24) 60 47 76 · www.pak-glueckstadt.de · Fr–So 13–17 Uhr und nach Vereinbarung).

km 2–4,5 Von der Straße Am Hafen bis zur Fähre

Vor dem Zollamt biegt man rechts in die Straße Am Proviantgraben ein und fährt hinter dem Provianthaus links in die Königstraße. Vor dem Deich radelt man rechter Hand weiter. Wenn man auf die B 495 stößt, biegt man links ab und erreicht den Fähranleger.

km 4,5–7 Vom Fähranleger nach Wischhafen

Auf dem Radweg neben der B 495 gelangt man nach Wischhafen ❷. *Etwa in Ortsmitte verlässt man die Bundesstraße und fährt links in die Fährstraße. Dann geht es rechts in die Straße Unterm Deich und man kommt bald zum* **Kehdinger Küstenschifffahrtsmuseum.**

Untergebracht in einem ehemaligen Getreidespeicher, bringt das Museum Landratten mit zahlreichen Exponaten die Geschichte der Küstenschifffahrt und das Leben an Bord näher. Außerdem sind in dem ehrenamtlich betriebenen Museum Sonderausstellungen zu sehen (Unterm Deich 7 · 21737 Wischhafen · (0 47 70) 83 11 40 · www.kuestenschiffahrtsmuseum.de · Juni–Sep. Di–So, Ostern–Mitte Nov. Sa/So/Fei 10–12 und 13–18 Uhr · 3 € / 1 €).

Alternativroute

Statt nach Wischhafen und durch das Kehdinger Land zu fahren, kann man am Wochenende und an Feiertagen die kürzere Route entlang der Elbe nehmen. Der Zugang zur Elbinsel Krautsand ist von Anfang Mai bis Ende September über die Klappbrücke am Sperrwerk Wischhafen möglich. Dazu ist allerdings exaktes Timing nötig: Die Brücke wird nur an Samstagen, Sonntagen und Feiertagen von 10 bis 12 und von 17 bis 19 Uhr heruntergelassen, um über die Wischhafener Süderelbe zu gelangen. Um zur Klappbrücke zu kommen, biegt man nach etwa 500 Metern hinter dem Deich links ab, wenn man die Fähre verlassen hat.

Von Wischhafen nach Krautsand

km 7–20

Man radelt den Weg Unterm Deich weiter, der einen Rechtsknick macht, quert die Stader Straße und fährt in die Moorchaussee (K 13). Wenn diese auf die K 12 stößt, geht es linker Hand an der Birkenstraße weiter. Man muss die B 495 queren und fährt auf dem Fasanenweg/Dornbuschermoor. Dann links ab auf die K 65 nach Dornbusch. Man durchradelt den Ort und fährt über die Fohlenstraße bis zum Deich vor, um anschließend links abzubiegen. Anschließend scharf rechts auf den Deich und zur **Klappbrücke** 3*, die auf die* **Insel Krautsand** *führt. Geradeaus weiter an der K 19 bis in den Ort Krautsand. Kurz vor dem Deich biegt man rechts ab, anschließend geht es links in die Elbstraße, die zum Deich führt.*

Die Elbinsel Krautsand ist umgeben von der Wischhafener Süderelbe, der Krautsander Binnenelbe und dem Ruthenstrom. Früher handelte es sich tatsächlich um eine echte Insel, die mit der Zeit immer mehr an das Festland „andockte“. Attraktion in dem Ort Krautsand ist der vier Kilometer lange, feine Sandstrand. Vom Deich aus hat man eine tolle Sicht auf die Elbe.

km 20–32
Von Krautsand zur Festung Grauerort

Wir radeln am Deich entlang bis zur **Festung Grauerort** 4, *die sich durch einen betonierten Übergang über den Fahrradweg ankündigt. Dahinter biegt man rechts ab und erreicht die Festung über einen Schotterweg.*

Das preußische Artillerie-Fort, in der zweiten Hälfte des 19. Jahrhunderts erbaut, ist ein auf den ersten Blick skurril anmutender Ort. Die Anlage sollte Schutz vor feindlichen Schiffen bieten. Obwohl sie im Deutsch-Französischen Krieg 1870/71 bereits einsatzbereit war, wurde von ihr aus nie eine Kugel abgeschossen. Nach dem Ersten Weltkrieg baute man die Festung zu einem Minendepot um. Lange Zeit dem Verfall preisgegeben, kümmert sich mittlerweile ein Verein um den Erhalt des historischen Bauwerks (www.grauerort.com · Besichtigung und Führungen Mitte Apr.–Mitte Okt. So/Fei 10.30–17.30 Uhr · 2 € (inkl. 1 € Gutschein für die Cafeteria)). In den 1920er-Jahren wurde eine Seebrücke in die Elbe hineingebaut. Heute ist sie gesperrt, es lohnt sich jedoch, den Deich nebenan zu erklimmen. Hinter ihm ist ein kleiner, feiner Sandstrand versteckt.

km 32–43
Von der Festung Grauerort bis Stade und zum Bahnhof

Bei Abbenfleth fährt man auf den Deich, am Bootslager vorbei und biegt anschließend links in die Deichstraße ein. Ab hier führt die Route am Rand der Ortschaften über ruhige und verkehrsarme Anwohnerstraßen. In Bützfleth stößt man auf die laute L 111, biegt links ein, um bald linker Hand in die Alte Chaussee abzubiegen. Vor der Bützflether Industriestraße führt die Fahrradroute vor dem Deich rechter Hand weiter. Geradeaus geht es über den Schneedeich, bis man die L 111 überquert. Wir durchradeln eine Wiesen- und Weidenlandschaft vor Stade und erreichen über den Stader Schneeweg die Stadt. Nach etwa hundert Metern geht ein schmaler Weg links ab. Er führt zum Kreisel an der Freiburger Straße. Diesen umradelt man rechter Hand und fährt an der Hansestraße weiter. Wer die Altstadt besichtigen möchte, fährt geradeaus weiter. Um auf schnellstem Weg zum Bahnhof und/oder zum Freilichtmuseum zu kommen, verlässt man die relativ verkehrsreiche Straße und damit auch den Elberadweg bei der Ausschilderung „Zoll, Stadeum, Jugendherberge“. Es geht dann rechts ab in den Schleusen-

Freilichtmuseum Stade: Altländer Haus

weg, anschließend links weiter über die Freiburger Straße/Kehdinger Mühren bis zur Straße An der Wassermühle bis zur Kreuzung. Nachdem man diese überquert hat, biegt man in den Georg-Christoph-Lichtenberg-Weg ab und fährt durch den schattigen Parkstreifen am Burggraben entlang bis zur Wohltmann-Brücke, über die wir das Rad auf das Gelände des **Freilichtmuseums Stade** 5 *schieben.*

Die lauschige Insellage, umgeben von hohen Bäumen und dem Burggraben, animiert zu einem Rundgang auf dem frei zugänglichen Gelände. Gegründet wurde das Freilichtmuseum Anfang des 20. Jahrhunderts im Zusammenhang mit der damals entstehenden Heimatbewegung. Nach und nach wurden aus dem Umland von Stade Gebäude auf die kleine Insel gebracht oder wurden nachgebaut. Zu sehen sind unter anderem ein reetgedecktes Altländer Haus von 1733, eine Bockwindmühle, eine Remise und ein Backhaus sowie verschiedene Geräte aus der Landwirtschaft (Auf der Insel 2 · 21680 Stade · (0 41 41) 7 97 73 30 · www.museen-stade.de · Mai–Sep. Di–Fr 10–17, Sa/So 10–18 Uhr · Besuch Altländer Haus · 2 € / 1 € · Führungen 14-tägig So 14 Uhr, 4 € inkl. Eintritt).

Um zum Bahnhof zu gelangen, überquert man den Burggraben bei der nächsten Brücke, biegt links ab und fährt geradeaus bis in die Straße Am Bahnhof (mehr zur Stader Altstadt ▸ *Seite 170–171**).*

Register

Liebe Leserinnen und Leser,
alle Angaben in diesem Reiseführer sind gewissenhaft geprüft. Trotz gründlicher Recherche können sich manchmal Fehler einschleichen. Wir bitten um Verständnis, dass der Verlag dafür keine Haftung übernehmen kann. Über Hinweise, Berichtigungen und Ergänzungsvorschläge freuen wir uns jederzeit!

Verlagsanschrift
via reise verlag
Lehderstraße 16–19
13086 Berlin
post@viareise.de
www.viareise.de

© via reise verlag Klaus Scheddel
4. komplett überarbeitete Auflage,
Berlin 2020
Alle Rechte vorbehalten
ISBN 978-3-945983-86-7

Text & Recherche
Sabine Schrader

Redaktion
Janna Menke

Herstellung & Gestaltung
Annelie Krupicka, Katharina Arlt

Kartografie
Annelie Krupicka,
Stephan Moskophidis

Druck
Ruksaldruck, Berlin

FSC www.fsc.org MIX Papier aus verantwortungsvollen Quellen FSC® C104247

Fotonachweis
Sabine Schrader, außer:
AZ online 151; © Birgit Winter/PIXELIO 76, 172; © Gabriele Planthaber/PIXELIO 44; © Günter Schüttauf/PIXELIO 70; Gemeinfrei 24; © Guido Miller/Fotolia 74; © Kurt F. Domnik/PIXELIO 134; Huhu Uet/Rosarium Uetersen 06/CC-BY-3.0/bearb. 45; Lüneburg Marketing GmbH 143; Schult, Jürgen 5; Stade Tourismus-GmbH 171; Tourismusverein Altes Land e. V. 162; Uwe Barghaan/Küche Langes Mühle/CC-BY-2.5/bearb. 46

Umschlagfoto vorn
Pärchen auf Fahrradtour
(© Monkey Business/Fotolia)

Foto Klappe vorn
Velos in Lauenburg
(Sabine Schrader)

Umschlagfoto hinten
Im Kurpark in Bad Oldesloe
(Sabine Schrader)